Carola Steen

Mehr Zeit zum Reiten

Den Alltag rund ums Pferd entlasten und effektiv gestalten

KOSMOS

Warum Reiter nie Zeit haben

Die Anzahl der Pferde und Ponys in Deutschland hat sich in den letzten 35 Jahren verdreifacht. Reiten zählt zu den Freizeitbeschäftigungen mit wachsender Beliebtheit und insbesondere Reitweisen und Pferderassen aus fremden Ländern liegen voll im Trend. Die ebenso steigende Anzahl der Messen für Pferdesport und -haltung vermittelt dem interessierten Einsteiger ein unbeschwertes und einfaches Bild. Kaum ist jedoch aus dem interessierten Neuling ein Pferdebesitzer geworden, schlägt die Zeitfalle zu. Neben mangelnder Fachkenntnis und der falschen Einschätzung des eigenen Zeitverbrauchs kommen handfeste Dinge wie schlecht konzipierte Ställe und weite Anfahrtswege zum Stall oder zu den Trainingsmöglichkeiten dazu. Da gerät das Hobby schnell zum Freizeitstress, ein Wettlauf gegen die Uhr beginnt. Anstatt sein Pferd zu reiten, verbringt der Pferdeliebhaber seine Zeit damit zu füttern, Box und Auslauf sauber zu halten, Zäune zu kontrollieren u.v.m. Die Liste ließe sich beliebig verlängern. Gegen diesen Missstand hilft nur eine realistische Einschätzung der Situation und ein kluges Zeitmanagement.

Ausgangs-situationen

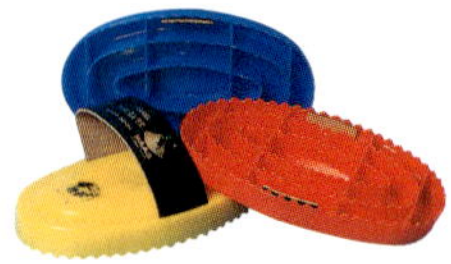

▶ Kind, Beruf und Pferd – alles unter einem Hut?

Die (berufstätige) Mutter

»Eigentlich sollte ich schon längst auf dem Pferd sitzen. Aber mein Göttergatte ist mal wieder später vom Büro nach Hause gekommen, um unser Kind zu übernehmen. Unsere freundliche Nachbarin, die ebenfalls ein Kind hat und gerne mal einspringt, will ich nicht immer bemühen. Irgendwann stehe ich sonst noch als Rabenmutter da, die wegen ihres Pferdes ihr Kind vernach-

lässigt. Und ein Babysitter ist auf Dauer zu teuer. Also muss der Vater ran (... schließlich ist es auch sein Kind!). Zu allem Überfluss kommt jetzt auch noch die Stallnachbarin, während ich die Box miste. Sie muss unbedingt den letzten Klatsch und Tratsch loswerden. Egal, mein Zeitplan ist ohnehin schon wieder hinüber. Für mein Ross gibt es wieder einmal nur die Sparversion: eine schnelle Runde um den Hof oder vielleicht doch nur longieren? Der Auslauf muss auch noch sauber gemacht werden und für morgen sind zwei Portionen Heu nass zu machen. Während der Sommerzeit ist alles einigermaßen gut hinzukriegen, da sind unsere Pferde auf der Weide. Aber die Zeit im Winter, wenn es so schnell dunkel wird, die kostet schon Kraft und Nerven.«

Der Geschäftsmann

Da hat es Herr Y wesentlich besser. Sein Pferd steht im örtlichen Reitverein. Er kommt direkt vom Geschäft in den Stall, zieht sich eilig auf der Toilette um und schafft es gerade so, die wöchentlich anberaumten Reitstunden wahrzunehmen. Nur will es wieder einmal nicht so klappen mit der angestrebten Harmonie von Ross und Reiter. In diesem Reitstall ist die Boxenhaltung die vorherrschende Pferdehaltung. Vormittags kommen die Pferde in die Führanlage – wenn der Besitzer diesen Extraservice bezahlen will. Nach über 20 Stunden in der Box ist der Bewegungsdrang des Lauftieres Pferd kaum zu zügeln und Herrn Y kommen schon manchmal Zweifel, ob das alles wirklich so in Ordnung ist. Bei kritischer Betrachtung waren von der gesamten Reitstunde nur die letzten zehn Minuten im Schritt einigermaßen entspannend – für beide. Doch die knappe Freizeit nach einem langen Arbeitstag lässt Herrn Y praktisch keine

Springen zählt zu den reiterlichen Aktivitäten, die ein kontinuierliches Training erfordern. Ohne einen Reitstall mit einer sportlichen Infrastruktur ist das nicht gewährleistet.

▸ PROFI·TIPP

▸ **Der Minuten-Test**

Ist Ihr Zeitgefühl in Balance? Oder routieren Sie zu schnell durchs Leben? Schauen Sie auf die Uhr. Und nun schließen Sie die Augen. Machen Sie die Augen erst wieder auf, wenn Sie meinen, eine Minute sei verstrichen. – Sind weniger als 55 Sekunden vergangen? Dann läuft Ihr Zeitempfinden Amok.

andere Wahl. Außerdem: Soll er sein für viel Geld erstandenes Dressurpferd auf einen Hof stellen, wo es ansonsten nur Ponys gibt, aber keine Reithalle? Im Sommer ist das ja noch ganz nett: Pferde auf grüner Wiese, aber im Winter? Da kommen die Vierbeiner auf eine Matschkoppel und sind dann viel zu dreckig zum Reiten.

Na, kommen Ihnen diese Geschichten bekannt vor? Sicherlich gäbe es diesen Beschreibungen von zwei Pferdebesitzern noch etliche Varianten hinzuzufügen. Aber lassen wir es vorerst einmal dabei bewenden. Der Traum vom Leben mit dem eigenen

Sind auf einem Reiterhof Dienstleistungen wie etwa »Gras mähen« zur Beifütterung im Sommer gewährleistet, erspart das den Pferdebesitzern viel Zeit.

Pferd gerät schnell zum Albtraum, wenn die Voraussetzungen nicht optimal zusammenpassen. Auf den Pferdehalter warten wahlweise die Zeitfallen, die Kosten- oder die Beziehungsfallen. Oder er tappt in alle Fallen gleichzeitig, dann wird aus einer harmonischen Freizeitgestaltung »Stress pur«. So weit muss es nicht kommen. Kluges Zeitmanagement, gut durchdachte Organisation in und um den Stall herum sowie eine sichere Selbsteinschätzung helfen auf dem Weg zu einem ganz einfachen Ziel: die Zeit mit diesem einzigartigen Lebewesen »Pferd« voll und ganz genießen zu können!

Gepflegte Weiden und das Leben in einer Herde sind Grundlagen einer artgerechten Pferdehaltung.

▸ Was ist Zeitmanagement?

Jeder Mensch hat pro Tag 24 Stunden zur Verfügung – nicht mehr, aber auch nicht weniger. Das Entscheidende ist immer, wie man sich diese Zeit einteilt. Zeitmanagement bezeichnet die Kunst, seine Zeit optimal zu nutzen. Wer kennt nicht dieses Gefühl, wie die Zeit verfliegt, wie Stunden, Tage – ja, ganze Wochen und Monate vergehen, ohne dass für einen selbst genug Zeit übrig geblieben wäre. Die Balance zwischen Berufs- und Privatleben geht verloren, wir haben den Eindruck, als würden wir fremdbestimmt. Es wird immer schwieriger, die eigenen Ziele zu erreichen. Wir geraten unter Zeitdruck und in Folge unter Stress.

Die Zeit optimal zu nutzen wird bei jedem Menschen anders aussehen. Wenn Sie also das Thema Zeitmanagement anpacken wollen, müssen Sie bei sich selbst anfangen. Allerdings muss ich gleich am Anfang vor zu viel Eifer warnen. Zeitmanagement bedeutet nicht, dass Sie in einen Tag die Arbeit von zwei Tagen hineinpacken sollen. Beuten Sie sich also nicht selbst aus. Durch ein gezieltes Zeitmanagement

Die Jahreszeit bzw. das Wetter und die persönliche Zeiteinteilung entscheiden über den Ausritt vor oder nach der Arbeit im Stall.

▸ **PROFI·TIPP**

▸ **Tipp für Eltern: Aufgaben an die Kinder delegieren**

Delegieren macht Kinder selbstständig. Verantwortung – im rechten Maß – lässt sie aus ihren kleinen Schuhen herauswachsen. Delegieren heißt: anderen etwas zutrauen. Jede erfolgreich erledigte neue Aufgabe lässt das Selbstwertgefühl wachsen. Delegieren fördert auch den, der delegiert. Der kooperative Umgang mit anderen Menschen schleift die soziale Kompetenz. Und Delegieren schenkt mehr Zeit für die wirklich wichtigen Dinge im Leben.

gewinnen Sie mehr Zeit für die Dinge, die Ihnen wichtig sind. Die Checkliste auf S.16 und S.17 beschäftigen sich mit Ihrer persönlichen Zeiteinteilung. Wo befinden sich beispielsweise in Ihrem Alltag die Störfaktoren und die Zeitfresser?
Natürlich gibt es auch denkbar ungünstige Konstellationen: Ein Pferdeliebhaber, der nicht nur voll berufstätig ist, sondern aufgrund seiner Tätigkeit viele Überstunden leisten muss, der weite Wege zwischen Wohn- und Arbeitsstätte zurücklegt, zu allem Überfluss auch manches Wochenende beruflich eingespannt ist, für den bleibt der Traum vom eigenen Pferd vorerst mal ein Traum. In solchen Fällen bieten sich Urlaubsreisen an, die zu reiterlich interessanten Zielen führen. Eventuell gibt es ja im Freundeskreis Pferdebesitzer mit mehreren Pferden, die sich über eine gelegentliche Reitbeteiligung und Mithilfe im Stall freuen würden.

Für Mütter ist das Hobby »Pferd« trotz gutem Zeitmanagement eine echte Herausforderung.

Etwas anderes ist die Mutter mit ein oder zwei Kleinkindern. Häufig war der Vierbeiner vor den Kindern da, weil viele Frauen schon als Teenager ihren Traum vom eigenen Pferd in die Tat umgesetzt haben. Dann stellt sich die Frage: »Verkaufen oder nicht verkaufen?« Der Tag einer Mutter hat ohnehin schon zu wenig Stunden. Kommt dann noch eine Teilzeittätigkeit zum Haushalt dazu, bleibt in puncto persönlicher Freizeit kaum etwas übrig. Eine solche Mutter (mit Pferd!) gab mir übrigens den guten Rat, dieses Kapitel am besten sehr kurz abzuhandeln, denn für ein solches Hobby bleibt trotz bester Planung kaum Zeit übrig.
In diesem speziellen Fall spielt das persönliche Umfeld eine große Rolle. Gibt es eine hilfsbereite Oma, die noch dazu gesundheitlich in der Lage ist, zwei kleine Kinder für ein paar Stunden zu versorgen? Hat der Partner so viel Verständnis für das Hobby

Pferd und außerdem die Zeit, sich ebenfalls um seine Kinder zu kümmern? Dann gibt es für eine Mutter und Pferdebesitzerin eine kleine Chance, sich ohne schlechtes Gewissen wegen der Kinder ein paar Mal in der Woche ihrem Hobby zu widmen. Als unabdingbare begleitende Maßnahmen gehören dazu jedoch eine optimale Unterbringung des Pferdes in einer Auslaufhaltung mit Vollpension und eine Reitbeteiligung, die sich in der übrigen Zeit sehr zuverlässig um dieses Pferd kümmern kann.

Wenn Sie nicht zu diesen Härtefällen zählen, liegt es an Ihnen, wie Sie Ihre Arbeit und Ihre Freizeit organisieren. Warum haben nun einige Menschen zu wenig Zeit und andere zu viel? Unser allgemeiner Sprachgebrauch gaukelt uns da etwas vor. Es liegt nicht daran, dass Sie zu wenig Zeit haben, sondern dass Sie Ihre Zeit mit zu viel Aktivitäten vollstopfen. Es sind auch nicht immer die persönlichen Umstände oder gar Menschen in Ihrer Umgebung, die Ihnen die Zeit »stehlen«, sondern Sie selbst »verplempern« häufig die Zeit.

Eine optimale Unterbringung des Pferdes mit viel frischer Luft, Licht und Kontakt zu Artgenossen ist die wichtigste Voraussetzung, egal wie viel Zeit der Besitzer hat.

Ein Höhepunkt im Leben eines Pferdebesitzers ist sicherlich die Geburt des eigenen Fohlens. Die Pferdezucht erfordert jedoch eine gehörige Portion an Sachkenntnis, möglichst freie Zeiteinteilung und perfekte Organisation des eigenen Stalles.

Bestandsaufnahme

Aus dem Zeitmanagement wird so ein Selbstmanagement. Werden Sie Ihr eigener Coach. Setzen Sie sich hin und machen Sie sich eine Liste. Schreiben Sie ganz präzise und vor allen Dingen ehrlich auf, wie Sie Ihre Tage verbringen. Schreiben Sie genau auf, wie viel Zeit Sie für welche Aktivitäten in Ihrem Leben verbrauchen, vom Aufstehen bis zum Schlafengehen. Das erfordert viel Disziplin, aber so erkennen Sie, wie viel Zeit Sie tatsächlich wofür verwenden. Der nächste Schritt wäre dann ein Wochenplan. Wählen Sie eine normale Woche, nicht etwa die Urlaubszeit. Notieren Sie nach dieser Woche, was Sie erreicht haben und was nicht. Seien Sie aber nicht zu streng mit sich selbst. Es geht im Grunde genommen nicht darum, wie schnell Sie etwas tun, sondern was Sie tun.

Persönlicher Rhythmus

Sie haben sicherlich schon von diesem Phänomen gehört und es vielleicht auch schon am eigenen Leib beobachtet: Die Rede ist von dem Rhythmus, der einen Menschen den ganzen Tag – und auch die Nacht – begleitet. Notieren Sie auf Ihrer persönlichen Liste darum auch, welche Dinge Sie zu welcher Tageszeit am liebsten tun. Viele Reiter und Selbstversorger erledigen die Stallarbeiten lieber zuerst und widmen sich dann ihrem Pferd. Anderen macht es gar nichts aus, die notwendigen Arbeiten wie Box ausmisten, Futter herrichten usw. nach dem Reiten zu erledigen. Berücksichtigen Sie dabei die Jahreszeit. Im Winter ergeben sich häufig andere Prioritäten als im Sommer.

Arbeitet der Mensch gegen seinen Tagesrhythmus, kommt er schnell ins Trödeln oder das berüchtigte »Aufschieben« unliebsamer Tätigkeiten schleicht sich ein. Zeitintensive Arbeiten wie Koppel umsetzen, Mist fahren oder das Heulager auffüllen sollten beispielsweise auf einen freien Tag gelegt werden und lange genug im Voraus geplant sein. Dann haben die Pferdebesitzer in der Regel genügend Stunden zur Verfügung, um diese zeitaufwändigen Arbeiten gemeinsam zu erledigen. Sind Sie aber alleine, holen Sie sich für größere Arbeiten Helfer in den Stall. Dafür gibt es vielleicht mal eine »Helfer-Grill-Party« im Sommer. Helfer minimieren nicht nur die Arbeitszeit, sondern »killen« auch den inneren Schweinehund!

Bevor Sie sich ernsthaft mit dem Zeitmanagement beschäftigen und sich auf die Suche nach Ihren persönlichen Zeitfallen machen, sollten Sie sich zunächst mit einer Frage auseinandersetzen: »Wollen Sie wirklich mehr Zeit?« Menschen, die ständig zu wenig Zeit haben, die hektisch ihre Arbeit erledigen, das Handy immer griffbereit, wirken wichtig und werden in unserer Gesellschaft entsprechend gewürdigt. Deswegen wehren sich viele Menschen gegen ein persönliches Zeitmanagement, vielleicht sogar ganz unbewusst. Anderen Menschen bereitet die Vorstellung, mehr Zeit zu haben, regelrechtes Unbehagen. Diese Menschen werden vor einem Zeitmanagement zurückschrecken.

Der Wasserwagen auf der Weide garantiert die Versorgung über einen längeren Zeitraum.

Schaffen Sie sich Ihren persönlichen Freiraum: Sie müssen nicht immer erreichbar sein!

Allen anderen wünsche ich viel Erfolg und viel Spaß beim Aufspüren der persönlichen Zeit-, Kosten- und sonstigen Fallen. Dass es nicht so »bierernst« wird, dafür sorgt allein schon der Grund, warum wir uns diese ganze Mühe machen: nämlich unser Pferd. Kluges Zeitmanagement soll Ihnen mehr Freiraum schaffen für die schönen Dinge im Leben. In Ihrer Freizeit tanken Sie neue Energie. Die Beschäftigung mit Ihrem Pferd macht Sie ausgeglichen und glücklicher. Nicht mehr und nicht weniger soll systematisches Zeitmanagement bewirken.

Die »Helfer-Grill-Party« im Sommer erfreut Jung und Alt.

Selbsteinschätzung

Der Traum vom eigenen Pferd

Wer mit dem Pferdevirus angesteckt worden ist, hat fortan nur noch ein Ziel vor Augen: möglichst viel Zeit mit dem vierbeinigen Partner zu verbringen. Manch einer (oder eine) träumt davon, sein ganzes Leben diesen wunderbaren Tieren zu widmen. Dies ist jedoch vergleichsweise wenigen Menschen vergönnt; die anderen holt die Realität ein. Diese Realität hat allerdings viele unterschiedliche Komponenten. Neben der Zeiteinteilung ist der Faktor »Kosten« nicht unerheblich. Leider ist die Pferdehaltung in unserem dicht besiedelten Teil Europas sehr teuer. Aber auch Ihr privates Umfeld, die Familie und nicht zuletzt Sie selbst bewegen sich innerhalb gewisser Grenzen. Nach und nach werden wir ge-

Etwas Besonderes im »Reiter-Kalender« ist die Jagdsaison im Herbst.

meinsam versuchen, diesen Dingen auf den Grund zu gehen. Wir werden verschiedene Formen der Pferdehaltung vorstellen, Pferderassen und Reitweisen, die heutzutage am häufigsten vertreten sind – alles unter dem Aspekt des Zeitmanagements und den damit verbundenen Kosten. Letztendlich können nur Sie entscheiden, was für Sie in Frage kommt, in welchem Umfeld Sie sich wohl fühlen würden.

Das Erstellen eines Zeitprotokolls

Bevor wir uns allerdings mit den praktischen Dingen auseinandersetzen, geht es erst einmal nur um Sie! Wie schätzen Sie sich ein, wie ist Ihr privates Umfeld und was erwarten Sie von Ihrem Pferd bzw. vom Hobby Reiten? Zugegeben, das sind nicht ganz einfache Fragen und die Beantwortung würde selbst lang erprobten Reitern bzw. Pferdebesitzern durchaus schwer fallen. Blättern Sie aber nicht gelangweilt weiter. Natürlich können die komplexen Themen Pferdehaltung, Reiten und Zucht nicht in einem

Ein moderner Reitstall mit großer, heller Reithalle und Koppeln bietet Pferdebesitzern neben Komfort ein großes Plus auf ihrem Zeitkonto.

einzigen Buch ausführlich beschrieben werden. Es soll Sie aber neugierig machen auf weitere Informationen und sensibilisieren im Hinblick auf die vielfältigen Fallen, die in dem Lebensabschnitt mit einem eigenen Pferd lauern werden. Die zwischen den Artikeln eingestreuten Fragen dienen dazu, sich intensiver mit Ihrer Lebenssituation auseinanderzusetzen. Ein kluges Zeitmanagement hängt unter anderem auch von einer guten Selbsteinschätzung ab.

Berufstätigkeit

- ☐ Sind Sie voll berufstätig?
- ☐ Müssen Sie öfters Überstunden leisten?
- ☐ Haben Sie eine Teilzeittätigkeit?
- ☐ Arbeiten Sie im Schichtdienst?
- ☐ Können Sie sich Ihre Zeit täglich/wöchentlich frei einteilen?
- ☐ Arbeiten Sie auch an Feiertagen/Wochenenden?
- ☐ Haben Sie einen Partner?
- ☐ Haben Sie Kinder?
- ☐ Benötigen die Kinder noch intensive Betreuung?
- ☐ Haben Sie einen langen Anfahrtsweg zur Arbeit?
- ☐ Wohnen Sie im städtischen Bereich?
- ☐ Befinden sich in der Nähe Ihres Wohnortes verschiedene Ställe, in denen Sie Ihr Pferd artgerecht unterbringen könnten?
- ☐ Haben Sie noch andere (zeitaufwändige) Hobbys?

Persönliche Lebensbereiche

Teilen Sie Ihr Leben anhand der folgenden Tabelle in verschiedene Bereiche ein. Überlegen Sie sich, wie viel Zeit Sie für diese einzelnen Bereiche benötigen:

- ☐ Ich bin berufstätig und arbeite ca. ______ Stunden in der Woche
- ☐ Für meinen Arbeitsweg brauche ich ______ Stunden pro Woche
- ☐ Für meinen Haushalt benötige ich ______ Stunden pro Woche
- ☐ Für meinen Weg zum Stall und zurück benötige ich ______ Minuten/Stunden
- ☐ Für die Stallarbeiten brauche ich ______ Stunden (evtl. Unterteilung in tägliche/wöchentliche Arbeiten)
- ☐ Ich reite ______ Stunden in der Woche
- ☐ Vielleicht fällt Ihnen ein weiterer, für Sie relevanter Bereich ein:

____

____

____

Damit haben Sie erst mal einen groben Überblick über Ihren Zeitverbrauch und über Ihre derzeitige Lebenssituation. Wenn Sie einen exakten Überblick haben wollen, wo Ihre Zeit bleibt, kommen Sie nicht um ein Zeitprotokoll herum. Das erfordert große Disziplin und eine gehörige Portion Ehrlichkeit gepaart mit Selbstkritik. Aber nur dann sehen Sie, wie viel Zeit Sie tatsächlich für welche Tätigkeit benötigen.

Nach einer ganz normalen Arbeitswoche können Sie bereits Ihr Zeitprotokoll analysieren. Kreuzen Sie die Aktivitäten an, in die Sie die meiste Zeit investieren. Seien Sie dabei völlig wertfrei. Fragen Sie sich, ob Sie bereit sind, auch weiterhin so viel Zeit für

Gehören Sie zu den Menschen, die sich im Sport mit anderen messen möchten? Für den Turniersport geht nicht nur manches Wochenende »drauf«, auch unter der Woche muss ein regelmäßiges Training eingeplant werden.

die eine oder andere Aktivität zu investieren. Um Zeit einzusparen, muss man bereit sein, neue Wege zu gehen. Vielleicht können Sie auf eine zwar lieb gewordene, aber zeitintensive Gewohnheit verzichten. Manchmal wird ziemlich viel Zeit in Dinge gesteckt, die bei genauerem Hinsehen gar nicht so wichtig sind.

Urteilen Sie aber nicht zu hart, Sie sollen nicht zum eigenen Sklaventreiber werden. Es geht nur darum, die Zeitfallen aufzuspüren, die Ihnen die Zeit »stehlen«. Eventuell müssen Sie dieses Zeitprotokoll auf zwei oder mehrere Wochen erweitern, das ist Ihre ganz persönliche Entscheidung. Danach geht es an die konkrete Planung.

Zeitplanung

Planen spart Zeit und das Arbeitsergebnis hat oft eine bessere Qualität. Nur setzt eine gute Planung strukturiertes Denken und Handeln voraus. Fangen Sie ganz einfach an. Planen Sie täglich fünf bis 15 Minuten ein, die nur Ihnen selbst gehören sollen. Das kann zum Beispiel die Zeit morgens – vor oder nach dem Frühstück – sein, oder vielleicht ist Ihnen die Zeit vor dem Schlafengehen lieber. Es soll eine Zeit sein, die nur Ihnen gehört, in der Sie in sich gehen können, um den kommenden Tag in Ruhe planen zu können.

Für Fortgeschrittene bietet sich der Sonntagabend oder der Montagmorgen für eine Wochenplanung an. Damit erreichen Sie bereits längerfristige Ergebnisse. Egal ob Tages- oder Wochenplanung, gewöhnen Sie sich an, alles schriftlich zu formulieren. »Was sind die wichtigsten Dinge, die ich heute (morgen, übermorgen usw.) erledigen muss?« Und verknüpfen Sie Ihre Aufgaben jeweils mit den erforderlichen Voraussetzungen. Muss ich vorher etwas besorgen, muss ich mit einer bestimmten Person telefonieren, um meine Aufgaben erledigen zu können. So schaffen Sie sich zum einen Eselsbrücken und zum anderen arbeiten Sie ziel- und ergebnisorientiert.

▸ Ihre Persönlichkeitsstruktur und Ihr Umfeld

Beurteilung des eigenen Charakters

Gehören Sie zum Typ »Einsamer Wolf« oder »Lonesome Rider«? Dann träumen Sie sicher vom eigenen Pferd hinter dem eigenen Haus und einsamen Ritten in die untergehende Sonne. Aber Vorsicht! Es gibt immer wieder Situationen, wo Sie doch auf die Hilfe anderer Personen angewiesen sind. Neben der Urlaubszeit, dem Ausfall wegen Krankheit oder familiären Verpflichtungen gibt es eine ganze Reihe von Tätigkeiten, bei denen neben handwerklichem Geschick auch der Einsatz von großen Maschinen erforderlich ist.

Reiten kann man alleine, aber eine Pferdehaltung ohne Helfer ist kaum möglich.

Darüber hinaus kann das Reiten ganz allein in Wald und Flur mit der Zeit etwas öde werden. Und das Pferd als ausgeprägtes Herdentier würde alleine sowieso verkümmern. Eventuell stoßen auch Ihre autodidaktischen Fähigkeiten in Bezug auf Ihre reiterliche Ausbildung an ihre Grenzen. Vielleicht möchten Sie sich doch einmal mit Gleichgesinnten über Ihre Lieblingsrasse austauschen oder sich mit Ihren Kenntnissen und Fähigkeiten in eine Gemeinschaft einbringen? Ihre Herkunft, Ihre Persönlichkeitsstruktur und Ihr privates Umfeld bestimmen entscheidend über die Art Ihres Hobbys mit. Ich möchte sogar behaupten,

Sind Pferde auch als Handpferde ausgebildet worden, ist die Urlaubsvertretung kein Problem mehr.

dass die Form der Pferdehaltung und die Auswahl des Stalles von Ihren individuellen Wünschen und Fähigkeiten abhängen.

Die folgenden Fragen beziehen sich auf Ihren Charakter, auf Ihr Temperament – eben auf Ihre Persönlichkeit! Sie sollten sich im Klaren sein, dass der Kauf eines Pferdes Ihr ganzes bisheriges Leben auf den Kopf stellen kann. Ein Pferd als Prestigeobjekt, als schmuckes Beiwerk nach dem Motto »Mein Haus, mein Auto, meine Yacht usw.« entspricht zwar dem Zeitgeist unserer heutigen Konsumgesellschaft, wirft auf den Menschen jedoch ein trauriges Licht. Genauso wenig sollte ein Pferd Partner- oder Kinderersatz

Pferde sind ausgesprochene Herdentiere; diese Erkenntnis darf der verantwortungsbewusste Pferdebesitzer nicht ignorieren.

Mein Privatleben

- [ ] Sind Sie ein geselliger Typ?
- [ ] Würden Sie sich eher als Einzelgänger bezeichnen?
- [ ] Bringen Sie sich gerne in eine Gemeinschaft ein?
- [ ] Ist Ihnen »Vereinsmeierei« zuwider?
- [ ] Reitet Ihr/e Partner/in ebenfalls?
- [ ] Interessiert sich Ihr privates Umfeld für Pferde?
- [ ] Hat Ihr/e Partner/in (kein) Verständnis für Ihr Hobby?
- [ ] Soll Ihre ganze Familie an Ihrem Hobby teilhaben?
- [ ] Hatten Sie als Kind/Jugendlicher bereits Kontakt zu Pferden?
- [ ] Sind Sie über Ihren Partner/Ihre Freunde zum Reiten gekommen?
- [ ] Möchten Sie auf die Freizeitangebote einer Stadt nicht verzichten?
- [ ] Kommen Sie aus einer ländlichen Umgebung/Struktur?
- [ ] Sind Sie im wahrsten Sinne des Wortes ein »zupackender« Mensch?

sein, auch diese Motivation wird unserem Freizeitpartner nicht gerecht. Erkennen Sie die besonderen Bedürfnisse Ihres vierbeinigen Partners und werden Sie sich über Ihre eigenen bewusst.

Der passende Reitstall

Wenn Sie noch Reitanfänger sind, bleibt in der Regel nur der Gang in eine gut geführte Reitschule mit qualifizierten Fachkräften. Bis Sie sattelfest genug sind, kann – je nach Begabung und Möglichkeiten – einige Zeit ins Land gehen. Für Fortgeschrittene bietet sich die Reitbeteiligung in einem Reitverein oder in einem privaten Reitstall an. Voraussetzung ist – wie bei allem – der Stall, die Pferde und die Menschen passen zu Ihnen und entsprechen Ihren Wünschen und Vorstellungen. Treffen Sie klare Abma-

Gut ausgebildete Ponys sind für Kinder die besten Gefährten, um spielerisch das Reiten zu erlernen.

Der Turniersport ist kosten- und zeitintensiv.

chungen – am besten schriftlich – in puncto Häufigkeit, Dauer, die Art der Nutzung und, nicht zu vergessen, die Haftungsbedingungen im Falle eines (Un-)Falles. Ob nun Anfänger oder fortgeschrittener Reiter, die Zeit, die Sie während einer Woche mit Ihrem (Leih-)Pferd verbringen, können Sie dann ziemlich gut einplanen.

Vielleicht stellt sich aber auch bald heraus, dass die Art der Pferdehaltung oder die Reitweise Ihnen überhaupt nicht zusagen. Dann seien Sie so ehrlich zu sich und dem Pferdebesitzer, dies zu sagen und die Konsequenz daraus zu ziehen. Auf alle Fälle ist das unproblematischer, als wenn Sie nach einem spontanen Pferdekauf feststellen, dass Sie und Ihr Pferd gar nicht zusammen-

passen und Sie eigentlich etwas ganz Anderes wollten. Geben Sie jedoch nicht zu schnell auf. Als Reitbeteiligung haben Sie die einmalige Chance, einerseits vielfältige Erfahrungen zu sammeln, andererseits aber nicht die komplette Verantwortung für ein eigenes Pferd zu haben.

Oder zählen Sie vielleicht zu den Menschen, die mit einem Pferd mehr verbinden als die schnöde reiterliche Nutzung? Sie sehen das Pferd als Teil der Natur, Sie möchten den Wechsel der Jahreszeiten genießen, die Flora und Fauna Ihrer Umgebung beobachten? Der Kauf eines Pferdes ist seit Ihren Kindertagen ein lang gehegter Traum? Die zwangsläufig auftretenden Arbeiten wie Futterbeschaffung, Mist entsorgen, Pflege der Weiden und kleinere Reparaturen im Stall sind Ihnen vertraut? Wenn Sie außerdem in Ihrer zeitlichen Einteilung sehr flexibel sind, gehören Sie zu der Gruppe von Pferdemenschen, die gute Voraussetzungen mitbringen, ein oder auch mehrere Pferde in Eigenregie zu halten.

Sollten jedoch Wochenarbeitszeit und familiäre Verpflichtungen Ihnen einen Strich durch diese Rechnung machen, bietet sich die Teilhaberschaft in einem gut geführten Privatstall an. Außerdem können Sie sich – ganz nebenbei – mit allen anfallenden Aufgaben vertraut machen. Diese sehr verbreitete Art der »Haltergemeinschaft« hat den Vorteil, dass Ihr persönliches Zeitkonto übersichtlich bleibt. Nachteile entstehen, wenn keine klaren Abmachungen zwischen den Pferdebesitzern untereinander und den meist unerlässlichen Reitbeteiligungen bestehen. Ein genauer Wochenplan, der für alle verbindlich ist, schafft Abhilfe. Mitstreiter, die durch Unzuverlässigkeit auffallen, werden über kurz oder lang ihre »Kündigung« bekommen. Wer seine Aufgaben nicht zuverlässig und pünktlich – über einen gewissen Zeitraum betrachtet – erledigen kann, handelt in erster Linie verantwortungslos gegenüber dem Lebewesen Pferd.

Einsatz großer Maschinen: Mist entsorgen ist eine Arbeit, die delegiert werden sollte.

PROFI·TIPP

Ziele klar formulieren

Gute Vorsätze haben wir mehr als genug. Nur bleibt es meist beim guten Vorsatz. Nehmen Sie sich z. B. an Silvester vor: »Ich werde von jetzt an mehr Sport treiben,« ist dies viel zu wenig konkret, um als Anleitung für den Alltag zu dienen. Besser wäre: »Ich werde vier Tage pro Woche 30 Minuten joggen.«

Das persönliche Umfeld

Ein weiteres heikles Thema ist das Verständnis – oder Unverständnis – des eigenen Umfeldes. Wie reagiert Ihre Familie, Ihr/e Partner/in auf das Hobby »Pferd«? Nicht selten ist die Ursache für einen Streit wegen des Reitens eine schlechte Zeitplanung. Kommt ein/e Reiter/Reiterin regelmäßig zu spät aus dem Stall zurück und der Partner sitzt daheim auf den wohlbekannten »glühenden Kohlen«, weil es auch noch andere Dinge zu erledigen gibt, ist der nächste Streit wegen »dem Pferd« vorprogrammiert. Lernen Sie, Ihren Zeitverbrauch realistisch einzuschätzen. Machen Sie keine Versprechungen hinsichtlich privater Termine, die Sie nicht einhalten können.

Überlegen Sie sich genau, wie lange Sie für die einzelnen Aufgaben im Stall benötigen. Wenn Sie zu knapp kalkulieren, kommen Sie garantiert mit Ihrem Zeitplan durcheinander. Darum planen Sie auch Pufferzeiten ein und setzen Sie sich konkrete Termine. Eine Planung ohne Termine ist kein Planen, sondern nur ein Vornehmen. Wenn Sie einen gewissen Spielraum

Wenn alle anfallenden Arbeiten im Stall aufgeteilt werden können, bleibt mehr Zeit für das gemeinsame Hobby.

Laden Sie Ihre Familie doch mal zu einer Kutschfahrt ein.

für Unterbrechungen mit einplanen, können Sie gelassener reagieren und geraten nicht völlig in Verzug mit Ihren Aufgaben. Überprüfen Sie auf Ihrem Zeitprotokoll immer wieder, wie genau Ihre persönlichen Zeitschätzungen sind.
Damit Ihr/e Partner/in nicht das Gefühl bekommt, er/sie spiele bei Ihnen nach dem Pferd nur »die zweite Geige«, vereinbaren Sie doch einen »jour fixe«. An einem bestimmten Wochentag widmen Sie sich ganz Ihrem/Ihrer Partner/in. Das kann ein anderes, ein gemeinsames Hobby sein oder ein längst geplanter Tanzkurs zu zweit, ein gemeinsamer Konzertbesuch oder auch nur ein schönes Essen. Entscheidend ist, dass an diesem Tag (oder Abend) das Pferd »außen vor bleibt«, auch in der Unterhaltung. Wenn Kinder da sind, erfordert ein solches Vorhaben natürlich eine große logistische Anstrengung. Trotzdem sollte ein »Familientag« Pflicht sein. Versuchen Sie, diese privaten Dinge in Ihr Zeitmanagement mit einzuplanen.

Sogar die Pferdezucht ist heute nicht mehr das Privileg adliger Gutsherren, sondern oft auch ein Familienhobby. Voraussetzung ist dabei, dass die Pferde entweder direkt am Hause ste-

Ein Fohlen braucht nicht nur den Schutz der Mutter, sondern optimale Haltungsbedingungen, um gesund aufwachsen zu können.

hen oder in einem (Offen-)Stall ganz in der Nähe. Die Kinder wachsen dann bereits mit diesem schönen Hobby auf und lernen ganz nebenbei, wie viel Verantwortung, aber auch wie viel Freude das Leben mit Pferden bedeutet. Um allerdings bei dem Unternehmen »Familie und Pferd« nicht in ein Chaos zu versinken, benötigen Sie großes Organisationstalent. In diesem Fall muss jeder bereit sein, die eigenen Wünsche und Vorstellungen hinter die Bedürfnisse der Pferde zu stellen. Das heißt zum Beispiel, dass im Sommer an die Winterfütterung gedacht werden muss und ein Teil des Urlaubs für die Heu- bzw. Strohernte verwendet wird. Die übrige Freizeit geht für die vielen Arbeiten in oder um den Stall herum drauf.

Anhand dieser Kurzbeschreibungen sehen Sie schon, dass unser Zeitmanagement sich nicht nur auf Stallarbeiten oder das Reiten reduzieren lässt. Es erfordert manchmal schon viel Organisationstalent und Disziplin, soll nicht Ihr ganzes Leben durcheinander gewirbelt werden. Und auf eines müssen Sie immer gefasst sein: Im Zusammenleben mit unseren Pferden passieren oft unvorhergesehene Dinge. Improvisation und Flexibilität sind deshalb zwei weitere wichtige Eigenschaften, die von Pferdebesitzern in hohem Maße gefordert sind.

Im Westernreiten war und ist das Pferd auch Partner bei der Arbeit.

▸ Welches Pferd und welche Reitweise passen zu Ihnen?

Die nächsten Fragen führen Sie weiter auf dem Weg zu der allerwichtigsten Frage: Was will ich eigentlich? Jeder Mensch verknüpft mit dem Lebewesen Pferd und dem Reiten ganz bestimmte Erwartungen. Neben der herkömmlichen Reiterei findet der interessierte Pferdeliebhaber eine Vielzahl der unterschiedlichsten

Im Sommer muss bereits an die Winterversorgung gedacht werden.

Reitweisen; und dazu passend natürlich auch die entsprechende Pferderasse, Ausrüstung und Reitlehrer. Sehr gut zu beobachten sind diese Entwicklungen oder auch Trends auf großen Pferdemessen wie beispielsweise der »Equitana«, die alle zwei Jahre in Essen (Nordrhein-Westfalen) stattfindet. Aber auch kleinere, regionale Ausstellungen, verbunden mit einem Turnier oder einem Showabend, zeigen die bunte Vielfalt der Pferdewelt. Da kann ein neugieriger Einsteiger schon mal den Überblick verlieren.

In der Bundesrepublik Deutschland reiten regelmäßig 1,24 Mio. Personen (ab 14 Jahren). Rechnet man die Jugendlichen unter 14 Jahren dazu, kommt das Marktforschungsinstitut Ipsos auf etwa 1,7 Mio. Menschen (Stand 2001). Hochrechnungen aus dieser Studie ergeben, dass hierzulande deutlich mehr als eine Million Pferde und Ponys leben. Damit hat sich die Pferdepopulation in Deutschland in den vergangenen 35 Jahren mehr als verdreifacht. Selbst wenn Sie schon zu den über eine Million Pferdebesitzern in Deutschland zählen, kann die Beantwortung der folgenden Fragen ganz spannend sein.

Der Araber eignet sich besonders gut für Distanzreiter.

Meine Persönlichkeit

- [ ] Sind Sie ein sportlicher Typ?
- [ ] Würden Sie sich eher als ruhig bezeichnen?
- [ ] Brauchen Sie in Ihrer Freizeit einen schweißtreibenden Ausgleich?
- [ ] Sind Sie erfolgsorientiert?
- [ ] Möchten Sie in Ihrer Freizeit Ruhe und Besinnlichkeit?
- [ ] Zieht es Sie in Ihrer Freizeit in die Natur?
- [ ] Lieben Sie den Wechsel der Jahreszeiten?
- [ ] Interessiert Sie die komplexe Pferd-Natur-Mensch-Beziehung?
- [ ] Ist Ihnen die Pflege und der Körperkontakt zu einem Pferd besonders wichtig?
- [ ] Würden Sie sich als verspielt bezeichnen?
- [ ] Probieren Sie gerne etwas Neues aus?
- [ ] Würden Sie sich als konservativen Menschen bezeichnen?
- [ ] Sind Ihnen Tradition und Disziplin wichtig?
- [ ] Sind Sie ein ausgesprochen geduldiger Mensch?
- [ ] Ist Ihr Nervenkostüm – auch in schwierigen Situationen – stabil?
- [ ] Fühlen Sie sich zu schnellen, eleganten Pferden hingezogen?
- [ ] Macht Ihnen ein impulsives, temperamentvolles Pferd Angst?
- [ ] Lieben Sie eher kleine, kompakte Pferde?

Ein beliebter Trend ist das Reiten im Barockstil.

Dressurreiten ist hierzulande eine Disziplin mit langer Tradition.

Das Füttern der eigenen Islandpferde hinter dem Haus bleibt der Traum vieler Pferdebesitzer.

Englisch, Western, iberisch, klassisch-barock oder »querfeldein« – welche Reitweise spricht Sie an und warum? Haben Sie darüber schon mal nachgedacht? Viele Reiterkarrieren fangen im örtlichen Reitverein an, häufig schon im Kindes- oder Jugendalter. Dort lernt der interessierte Anfänger die herkömmliche deutsche Reitweise, die paradoxerweise »englisch« genannt wird. Wem die »Vereinsmeierei« zu viel ist, der findet in einem Privatstall oder in einer Haltergemeinschaft seine Heimat. Versuchen Sie Ihren Typus herauszufinden. Es ist wichtig, sich über die eigenen Vorstellungen im Klaren zu sein. Formulieren Sie Ihre Träume und Wünsche auf einem Blatt Papier, und zwar schonungslos, nur für sich selbst. Was wünsche ich mir? Was will ich erreichen? Was macht mich glücklich? Was ist mir wichtig? Ihre Wünsche werden zu Zielen. Stellen Sie dabei Ihr Licht nicht unter den Scheffel. Jeder Mensch kann mehr erreichen als er sich zutraut. Eines ist dabei ganz wichtig: Es sollen tatsächlich Ihre Wünsche sein. Nicht die Erwartungen von anderen Menschen aus Ihrer Umgebung.

Dazu fällt mir eine Anekdote aus meiner »Pferde«-Vergangenheit ein. Ich besuchte einen Reitkurs für Freizeitreiter und unter den Teilnehmern befand sich eine Frau mittleren Alters mit einem ruhigen, ausgeglichenen Temperament. Soweit ich mich erinnern kann, war diese Dame eher von kleiner Statur, ihr Pferd jedoch eine große, temperamentvolle Holsteiner Stute. Als die Frau die Islandpferde anderer Kursteilnehmer sah, seufzte sie tief und traurig. Eigentlich wollte sie immer solch ein Pferdchen, doch ihr Mann war der Meinung, das seien ja keine »richtigen« Pferde. Es stellte sich bald heraus, dass ihr Mann stattli-

Eine Ausstellung für Pferdesport und -haltung informiert jeden interessierten Pferdebesitzer (und jene, die es werden wollen).

che zwei Meter maß und verständlicherweise ein entsprechend großes und schweres Pferd sein Eigen nannte. Die Frau konnte sich mit ihren Wünschen nicht durchsetzen, und so sammelte sich auf dem heimatlichen Anwesen ein Pferd nach dem anderen, weil der Mann immer wieder ein neues dazukaufte,, frei nach dem Motto: »Irgendwann wird schon das richtige für meine Frau dabei sein!«

Eine Reitweise – oder einen Reitstil – sollte man sich nicht »aus dem Katalog« heraussuchen. Es hat sehr viel mit Ihrer Persönlichkeit zu tun. Lassen Sie sich weder von modischen Trends noch von dem bekannten »Das hat man schon immer so gemacht, deswegen ist es richtig!« beeinflussen. Sie sollten sich auf alle Fälle sehr genau informieren. Mit einer realistischen Einschätzung Ihrer zeitlichen und finanziellen Möglichkeiten sehen Sie beispielsweise eine Pferdemesse mit ganz anderen Augen. Sammeln Sie nicht Prospekte, um sie hinterher in den Papierkorb zu werfen. Gehen Sie gezielt vor. Sammeln Sie Adressen aus Ihrer näheren Umgebung. Reitausbilder, die weit von Ihrem Wohnort entfernt wohnen, kommen für einen dauerhaften Unterricht nicht in Frage. Auch Pferderassen, die relativ neu und in kleiner Zahl in Deutschland vertreten sind, sind nur für wenige Enthusiasten interessant. Besuchen Sie verschiedene Züchter und Ausbilder in der Nähe Ihres Wohnortes, um Erfahrungen zu sammeln und um

Mit solide ausgebildeten Pferden macht der Ausritt in der Gruppe besonders viel Spaß.

sich ein möglichst genaues Bild von einer Pferderasse und einer Reitweise machen zu können.

Auch wenn Sie bereits Pferdebesitzer sind, kann es nicht schaden, ab und zu »über den Tellerrand zu schauen«. Reiten ist eine lebenslange Erfahrung und neue Anregungen helfen in jedem Fall immer weiter. Leider besteht auch in Reiterkreisen ein gewisser Gruppenzwang, d. h. jeder in dieser Gruppe oder Stallgemeinschaft sollte möglichst denselben Reitlehrer bevorzugen, dieselbe Art zu reiten usw. Schade, denn derartiges Verharren in alten Strukturen verhindert das Weiterkommen. »Wer aufhört zu werden, hört auf zu sein.« Dieser weise Spruch gilt auch für Reiter.

▸ Können Sie sich dieses Hobby leisten?

Nachdem Sie nun Ihr Zeitkonto, Ihre Persönlichkeit, Ihr ganzes Umfeld, Ihre Vorlieben und Wünsche unter die Lupe genommen haben, schauen wir uns jetzt die finanzielle Seite Ihres Hobbys an. Reiten, und ganz besonders die Pferdehaltung, zählen nicht gerade zu den preiswerten Freizeitbeschäftigungen. Angefangen mit dem Kauf eines Pferdes und der anschließenden Unterbringung mit den laufenden Kosten pro Monat und Jahr über die entsprechende Ausrüstung für Ross und Reiter sowie eventuelle Extras für Reitunterricht bis hin zu einer Turnierteilnahme, kommen für einen Pferdebesitzer beträchtliche Summen zusammen. Für uns heißt das: »Zeitmanagement ist auch immer Kostenmanagement.«

Ein Großteil der pferdebegeisterten Menschen verwirklichen sich Ihren Traum vom eigenen Pferd, indem sie sehr viel Eigenleistung erbringen. Das große und sehr unterschiedliche Angebot an Unterbringungsmöglichkeiten für Pferde in Privathand kommt diesem Trend entgegen. Es gibt nach wie vor den konventionellen Reitstall mit Vollpension und entsprechender Dienstleistung seitens der Stallbesitzer; die Konkurrenz durch Landwirte wird jedoch immer größer. Diese vermieten meist eine Box, die jeden Tag vom Pferdebesitzer selbst gereinigt werden muss. Des weiteren gibt es noch die »rustikale« Variante: ein Stück gepachtetes Land mit Weidehütte und kompletter Selbstversorgung. Einfach ausgedrückt heißt das: Je mehr Eigenleistung ein Pferdebesitzer erbringt, umso niedriger kann er gewisse Grundkosten halten. Das wiederum bedeutet natürlich, dass er auch die entsprechende Zeit für diese Arbeiten aufbringen muss.

Ein befestigter Auslauf lässt sich schnell reinigen.

Die mobile Weidehütte kann in der privaten Pferdehaltung eine Lösung sein – hier bei der Fohlenaufzucht.

▸ PROFI·TIPP

▸ **Asiatisches Sprichwort**

»Wenn du es eilig hast, setze dich,« lautet ein asiatisches Sprichwort. Im Sitzen sind wir gelassener als zwischen Tür und Angel. Im Sitzen weicht der innere Druck, der Puls normalisiert sich. Statt kopflos auf etwas zuzurennen, kommt die Lösung aus der Ruhe. Und darin liegt bekanntlich die Kraft. Nicht Kampf, sondern Besonnenheit bringt uns zum Ziel.

Ich nenne das gerne den Spagat zwischen der Zeit- und der Kostenfalle. Manch ein Pferdeliebhaber wird schnell zu einem unüberlegten Pferdekauf verführt, »weil im Nachbarort ein Landwirt für geringe Kosten seit letztem Monat auch Pferde einstellt«. Unüberlegt deshalb, weil selten berücksichtigt wird, welche Kosten in so einem Pferdeleben noch auf ihn zukommen und wie viel Zeit

Verschimmeltes Futter und ein baufälliger Stall sind ein Fall für den Tierschutz.

in Zukunft für dieses Hobby aufgebracht werden muss. Auch wenn der zukünftige Pferdebesitzer bereit ist, auf so manchen Luxus zu verzichten, sollte das Wohl und Wehe seines vierbeinigen Kameraden nicht von einer unsicheren Buchführung abhängen. Deswegen beantworten Sie auch die Fragen auf der nächsten Seite ganz ehrlich und in einer stillen Stunde.

Es gibt tatsächlich Lebenskünstler, die ihre Geldsorgen bravourös verdrängen und nicht wahrhaben wollen, dass sie sich einschränken müssen. Wenn ich jedoch die Verantwortung für ein Lebewesen übernommen habe, halte ich dies für eine bedenkliche Einstellung. Darum erinnern wir uns an eine weitere Binsenweisheit, die besagt: »Gib nur so viel aus, wie du hast!«

Meine finanzielle Situation

- [ ] Sind Sie finanziell abgesichert?
- [ ] Rutscht Ihr Konto ab und zu bedenklich in die »Miesen«?
- [ ] Haben Sie Rücklagen für Ausgaben »außer der Reihe«?
- [ ] Würden Extraausgaben Ihre persönliche Buchhaltung durcheinander bringen?
- [ ] Zählen Sie zu den sparsamen Menschen?
- [ ] Sind Sie jemand, der für jeden Lebensbereich ein Budget veranschlagt?
- [ ] Haben Sie noch andere (kostspielige) Hobbys?
- [ ] Würden Sie von sich behaupten, Sie können gut mit Geld umgehen?
- [ ] Möchten Sie mit Ihrem Pferd Kurse/Wanderritte etc. besuchen?
- [ ] Nehmen Sie regelmäßig an Reitunterricht/Kursen teil?
- [ ] Interessieren Sie sich für den Turniersport?
- [ ] Denken Sie daran, mit Ihrem/n Pferd/en zu züchten?

Ihr Pferd sollte nicht der Leidtragende bei Geldproblemen sein.

Kostenmanagement

Beim Kostenmanagement geht es um dieselben Strukturen wie beim Zeitmanagement. Wenn ich mir keine Ziele setze, überlasse ich alles dem Zufall, auch den zu erwartenden Erfolg oder Misserfolg. Ein hilfreiches Mittel beim Sparen ist, sich schon am Monatsanfang einen bestimmten Betrag auf die Seite zu legen und nicht erst am Monatsende zu schauen, was übrig ist. Überweisen Sie immer gleich am ersten eines Monats 5 bis 10% Ihres Einkommens auf ein Pferde-Konto. So sind Sie sicher, dass Ihr Geld vor Ihrem Konsum geschützt ist. Es ist angenehm, etwas auf der »hohen Kante« zu haben; denn Geldsorgen wiegen schwer. Viele Menschen geben genau die Geldsumme aus, die sie zur Verfügung haben, und leider oft noch mehr.

TIPP

Pferdekonto

Überweisen Sie immer gleich am ersten eines Monats fünf bis zehn Prozent Ihres Einkommens auf ein »Pferde«-Konto. So sind Sie sicher, dass dieses Geld vor Ihrem Konsum »geschützt« ist.

Wenn Sie bisher noch nicht auf einen grünen Zweig gekommen sind, lohnt es sich schon mal, die häuslichen Finanzen zu durchforsten. Da wären an vorderster Front die diversen Versicherungen zu nennen. Nicht alle Versicherungen sind notwendig, jedoch sollte man nicht am falschen Ende sparen. Eine Pferdehaftpflichtversicherung gehört zu einer verantwortungsbewussten Pferdehaltung dazu und wird vom Gesetzgeber auch verlangt. Die gängigen Fachzeitschriften nehmen sich immer wieder dieses Themas an und vergleichen die häufigsten am Markt angebotenen Versicherungen betreffs Kosten und Leistung.

Überhaupt sollte jeder Haushalt immer wieder mal seine kompletten Versicherungsabschlüsse überprüfen: Vielleicht gibt es mittlerweile günstigere Verträge mit gleicher Leistung? Eine jährliche Beitragszahlung ist in jeden Fall am billigsten. Häufig sammeln sich auch verschiedene Vereinsmitgliedschaften oder Zeitungsabonnements im Laufe eines Reiterlebens an. Überprüfen Sie nach Ablauf eines Jahres, ob wirklich alle notwendig sind. Und wie viele Utensilien haben sich im Laufe der Jahre bei Ihnen in der Sattelkammer angesammelt, die auf Spontankäufe zurückgehen und dann kaum benutzt wurden? Da gibt es nur drei

Ein kleiner Maschinenpark ist für einen Stallbesitzer auf Dauer unerlässlich. Doch Vorsicht! Ein billiger »Oldtimer« geht häufig kaputt. Für einen modernen Traktor muss man hingegen ca. 500 Euro pro PS veranschlagen.

Möglichkeiten: Verschenken, den nächsten Pferdeflohmarkt einplanen und in Zukunft nur Sachen kaufen, die wirklich notwendig sind.

Überprüfen Sie doch mal ganz ehrlich, ob jede Fahrt mit dem Auto notwendig ist. Vielleicht kann der eine oder andere Weg zu Fuß oder mit einem Fahrrad erledigt werden. Ein weiterer Kostenverursacher ist in letzter Zeit ins Gerede gekommen: der Bereitschaftsmodus an Fernseher, Computer und Stereoanlage. Auf Neudeutsch heißt dieser Stromfresser »Standby-Modus«; er dient nur der Bequemlichkeit.

Es gibt sehr viele Möglichkeiten, Geld zu sparen; auch, wenn das Ergebnis nicht immer sofort zu sehen ist. Kontrollieren Sie Ihre persönlichen Ausgaben mit einem Finanzplan. Das gute, alte Haushaltsbuch hat diesbezüglich noch nicht ausgedient. Dabei können Sie versteckte, »unreflektierte« Kosten aufspüren wie Zigarettenkonsum, Handy-, Internet- und Telefonbenutzung, häufige Restaurantbesuche und auch die bereits angesprochenen Spontankäufe. Und zahlen Sie nach Möglichkeit bar, bei Zahlungen mit der Karte verliert man leicht den Überblick über seine Ausgaben.

Schon allein für die Ausrüstung des Pferdes kann man ein kleines Vermögen ausgeben.

Stall- und Haltungsformen

Erfolgreiches Zeitsparen hängt eng mit einer Pferdehaltung zusammen, die von großer Verantwortung und ausreichendem Wissen um die Bedürfnisse der Tiere zeugt, die sich in der Obhut des Menschen befinden. Ständerhaltung oder enge, dunkle Boxen sollten der Vergangenheit angehören. Nur wenn die elementaren Bedürfnisse eines Pferdes nach frischer Luft, viel Licht und Bewegung sowie der Austausch sozialer Kontakte mit Artgenossen gewährleistet ist, hat der Besitzer die Möglichkeit, sein Zeitkonto in ein Plus zu bekommen. Moderne Ställe, die diese Erkenntnisse berücksichtigen, sind allerdings nicht zu einem kleinen Preis zu haben. Wer das nicht zahlen kann – oder will – muss sich zwangsläufig noch intensiver mit einer modernen und zeitsparenden Pferdehaltung auseinandersetzen. Die Beispiele in diesem Buch stehen stellvertretend für eine ganze Palette an Möglichkeiten. Stallbau und Weidemanagement sind derartig von regionalen Gegebenheiten abhängig, dass in diesem Kapitel nicht ausführlich darauf eingegangen werden kann. Es bleibt keinem Pferdebesitzer erspart, sich selbst eingehend mit diesem Thema zu beschäftigen.

Zeitsparstrategien in der Pferdehaltung

▶ Verschiedene Formen der Pferdehaltung

Wenn Sie das erste Kapitel dieses Buches aufmerksam durchgelesen und vor allen Dingen auch durchgearbeitet haben, kennen Sie Ihre persönlichen Kosten- und Zeitstrukturen. Vor Ihnen liegt ein Zeitprotokoll, das Ihnen sagt, ob Sie Ihre Zeit sinnvoll planen oder »verplempern«. Sie haben einen Überblick über Ihre monatlichen bzw. jährlichen Ausgaben und Sie haben eine Liste mit Ihren ganz persönlichen Wünschen und Erwartungen, die alle etwas mit dem Hobby Pferd und dem Reiten zu tun haben.

Die Art der Pferdehaltung ist von sehr vielen verschiedenen Faktoren abhängig. Ein Reiter, der ohnehin schon im ländlichen Bereich wohnt, hat in der Regel dort auch die größere Auswahl, was die Unterbringung seines Pferdes betrifft. Pferdeliebhaber aus der Stadt müssen erst mal weite Wege in Kauf nehmen. Doch allzu häufig entscheidet allein der Blick in den Geldbeutel über die Form des Stalles und die Art der Versorgung.

Die Erwartungshaltung hinsichtlich Leistung und Service ist hingegen bei den meisten Pferdehaltern sehr groß. Das ist dann der erste Schritt in die Zeit- und Kostenfalle! Warum das so ist, werde ich im Folgenden erörtern. Diese Fallbeispiele stellen einen kleinen, aber durchaus repräsentativen Querschnitt der Pferdehaltung in Deutschland dar – mit allen Vor- und Nachteilen. Unser besonderes Augenmerk liegt dabei auf dem zu erwartenden Zeitbedarf und den damit verbundenen Kosten.

Einzelhaltung in der Box oder im Ständer

Eine – leider – immer noch häufig anzutreffende Stallform für Pferde ist die Einzelhaltung in einer Box. Klein und dunkel, ohne Fenster, rundherum vergittert, ohne dass die Pferde die Möglichkeit haben, Kontakt zu Artgenossen aufzunehmen, ist diese Stallform nicht vertretbar und grundsätzlich abzulehnen. Ein moderner Reitstall wird diesen Pferden zumindest Fenster einbauen und dafür sorgen, dass immer ausreichend Licht und frische Luft zu den Tieren dringen können. Die gesetzlichen Mindestmaße einer regulären Box werden für Großpferde mit 13 m^2, für Ponys mit 8,5 m^2 und im Durchschnitt mit 11 m^2 angegeben. Darüber hinaus muss dafür gesorgt werden, dass Boxenpferde pro Tag ausreichend Bewegung bekommen, sei es durch ausgiebiges Reiten, eventuell eine Pferdeführanlage, durch Auslauf/Weidegang (mit Artgenossen) oder am besten alles zusammen.

Dunkle Gitterboxen sollten bald der Vergangenheit angehören.

Große Fenster, die viel Luft und Licht hereinlassen, sind das Minimum in der Pferdehaltung.

Eine Pferdeführanlage kann – sinnvoll eingesetzt – gewisse Vorteile bieten.

Unsere Pferde sind hochspezialisierte Lauftiere. Die Augen mit der großen Rundumsicht und die nach allen Seiten beweglichen Ohren kennzeichnen das Pferd als Fluchttier. Nur wenn das Pferd keine Möglichkeit hat, rechtzeitig alles wahrzunehmen, neigt es zu der bekannten Schreckhaftigkeit. Können Sie sich vorstellen, 23 Stunden auf einer Toilette eingesperrt zu sein, um dann eine Stunde lang Hochleistungssport zu erbringen? Genau das wird häufig von unseren Pferden verlangt. Neben der Langeweile führen mangelnde soziale Kontakte zu Artgenossen häufig zu Verhaltensstörungen. Weben oder Koppen zählen dabei nur zu den bekanntesten und auffälligsten »Unarten«. Aggressivität oder das Gegenteil – phlegmatisches bzw. stoisches Verhalten – sind viel häufiger anzutreffen und werden leider oft nicht mit den Haltungsbedingungen in Zusammenhang gebracht.

In einer Offenstallhaltung bilden sich Pferdefreundschaften über alle Unterschiede hinweg.

Bedauerlicherweise haben bis jetzt nicht alle Bundesländer erreicht, dass die Ständerhaltung als tierschutzwidrige Form der Pferdehaltung grundsätzlich verboten ist. Tierschutzinitiativen ar-

Mehrere Tränkebecken im Innen- und Außenbereich sind Pflicht in einem Laufstall.

beiten an einem bundesweiten Verbot. Jeder Pferdeliebhaber sollte mithelfen, dass diese antiquierte Form der Anbindehaltung schnellstmöglich von der Bildfläche verschwindet. Aber auch bei der immer noch weit verbreiteten Boxenhaltung sollten Sie nicht die Augen vor nicht pferdegerechten Bedingungen verschließen. Bei näherem Hinsehen ist diese Art der Pferdehaltung nur für

Kurze Arbeitswege und sinnvolle Lösungen für den Alltag sparen jedem Pferdebesitzer Zeit.

den Betreiber wirtschaftlich. Er kann viele Pferde auf relativ kleinem Raum unterbringen, Misten und Füttern lassen sich meistens gut organisieren und zeitlich auf ein Minimum reduzieren.

Für einen verantwortungsbewussten Pferdebesitzer bedeutet es hingegen, dass er den Mangel seines Pferdes an Bewegung und Lebenserfahrung jeden Tag ausgleichen muss. Je nach Ausstattung des Stalles mit Reithalle, Führanlage usw. ergeben sich sowohl auf der finanziellen als auch auf der zeitlichen Seite große Anstrengungen für den Pferdehalter. Selbst wenn das Misten vom Stallbetreiber erledigt wird, müssen die Pferdebesitzer häufig Auslauf oder Weidegang selbst organisieren. Ein vernünftiges Reittraining dazugerechnet, gehen pro Tag mehrere Stunden für das Hobby Pferd »drauf«.

Einzelhaltung in Paddockboxen

Ein Großteil der reitenden Bevölkerung ist voll berufstätig und hat nur begrenzte Freizeit. Dieser Umstand und das vermehrte Wissen über das Verhalten und die Bedürfnisse des Lauf- und Herdentieres Pferd führten in den letzten Jahren zu einer Öffnung der Ställe und zu neuen Haltungsformen. Ein guter Kompromiss ist die Box mit Paddock. Das Pferd hat einen kleinen Auslauf, den es unabhängig von der Jahreszeit und von Wind und Wetter benutzen kann. Links und rechts sind – hoffentlich – angenehme (Pferde-)Nachbarn, mit denen man sich austauschen kann.

Dieser Paddock ersetzt keineswegs die nötige Bewegung, aber er bietet mehr Abwechslung und fordert das Pferd mental. Es hat eine Entscheidungsmöglichkeit, ob es drinnen oder draußen sein will, im Regen oder im Sonnenschein. Es hat diese Entscheidung unabhängig vom Menschen, und das ist das eigentlich Wichtige. Natürlich spielen die Wetterreize für die Gesundheit unseres ehemaligen Steppentieres eine große Rolle. Kaum ein anderes Haustier kann

In einem modernen Reitstall haben alle Pferde die Entscheidungsfreiheit zwischen drinnen und draußen.

– wenn es daran gewöhnt ist – eine so große Spanne zwischen niedrigen und hohen Temperaturen ertragen wie unser Hauspferd. Der Fachbegriff für diese besondere Eigenschaft ist Thermoregulation.

Pferde nutzen auch im Winter jede Möglichkeit, an die frische Luft zu gehen.

Bietet ein solcher Stall mit Paddockboxen auch noch Weidegang sowie eine Vollpension mit Misten und Füttern, ist das Zeitkonto für die Pferdebesitzer überschaubar. Je nach Art des Trainings oder der geplanten Ausritte müsste der Zeitaufwand gut zu kalkulieren sein. Anders schaut es aus, wenn der Stallbesitzer weniger Dienstleistung anbietet – nennen wir es mal »Halbpension«. Dieses Angebot trifft man häufig bei Landwirten, die sich im Nebenerwerb durch die Pferdehaltung/-pension ein zweites Standbein schaffen. Raufutter wie Heu, Stroh und Silage werden gestellt, eventuell auch das Kraftfutter in Form von Hafer oder Gerste. Die notwendigen Arbeiten müssen jedoch vom Pferdebesitzer selbst erbracht werden. Da kommen pro Tag schnell ein bis zwei Stunden Extrazeit für Misten und Futterzubereitung zusammen.

Tägliches Pflichtprogramm – Sauberkeit steht an oberster Stelle.

Offenstallhaltung

Eine weitere attraktive Variante der Pferdehaltung ist die Offenstall- bzw. Laufstallhaltung. In der »Laufstall-Arbeits-Gemeinschaft« (kurz LAG genannt) hat sich eine Reihe von Stallbesitzern zusammengeschlossen, um für diese Haltungsform gewisse Standards zu entwickeln und zu gewährleisten. Nur zögerlich setzt sich diese Idee durch, erfordert sie doch ein enormes Wissen über Pferdeverhalten seitens der Betreiber und der Besitzer. Ebenso schreckt der Flächenverbrauch viele Betreiber von dieser Stallform ab. Die Pferdebesitzer fürchten dagegen häufige Verletzungen durch Rangeleien. Tatsächlich hängt jedoch neben dem bereits angesprochenen Fachwissen auch vieles von der Konzeption und Organisation eines solchen Stalles ab.

Bei der Laufstallhaltung darf die Liegefläche im Innenraum kleiner sein (ca. 6 m^2), dafür sollte der Auslauf die dreifache Größe des Ruheraums haben (ca. 18 m^2). Damit ist der individuelle Radius eines jeden Tieres berücksichtigt, den es zur Flucht benötigt. Befinden sich zu viele Pferde auf engem Raum, kommt es zu Stressreaktionen und zu den gefürchteten Verletzungen. Damit jedes Tier von dem Platzangebot Gebrauch machen kann und

In einem kleinen Offenstall kann individuell gefüttert werden.

Mehrere Ein- und Ausgänge sichern auch den rangniederen Pferden Zutritt zum Stall.

Für Neuankömmlinge bietet die Eingewöhnungsbox erste Kontaktmöglichkeiten zu anderen Gefährten.

nicht von einem ranghohen Artgenossen ein- oder ausgesperrt wird, sind bei einer Gruppenhaltung mindestens zwei Ausgänge Pflicht. Ebenso müssen – je nach Anzahl der Tiere – mehrere Tränkebecken angeboten werden. Gefüttert wird entweder in Futterständern oder über Futterautomaten. Zu diesem Zweck tragen die Pferde einen Sender in der Mähne. Auf jeden Fall muss der Stallbesitzer eine Möglichkeit haben, Menge und Häufigkeit der Futteraufnahme ebenso wie die gesundheitliche Verfassung der einzelnen Pferde zu überprüfen.

In Futterständern bekommt jedes Pferd – ohne Störung durch den Nachbarn – seine Futterration.

Viele Pferde lieben ein ausgiebiges Sandbad zur Fellpflege.

Die Idee, die hinter der Laufstallhaltung steckt, ist es, die Herdenstruktur unserer Pferde nachzuahmen. In einer Pferdeherde ist immer Bewegung. Nahrungsaufnahme, Wasser trinken, soziale Kontakte pflegen, vielleicht mal ein Sandbad nehmen – das alles erfordert Entscheidungen und Bewegung. Durch Beobachtung von frei lebenden Pferden errechneten Verhaltensforscher eine Bewegungsintensität von ca. 16 Stunden pro Tag – vorwiegend im Schritt. Fohlen und junge Pferde galoppieren aus Übermut und um ihre Muskeln und ihre Lungen zu stärken. Erwachsene Pferde galoppieren in erster Linie bei drohender oder vermeintlicher Gefahr. Alles andere würde unnütz Energie verbrauchen, die anderweitig fürs Überleben benötigt wird.

Für unser Zeitkonto bedeutet diese Pferdehaltung ein großes Plus. Es erlaubt einem Pferdebesitzer durchaus mal, sein Pferd ein bis zwei Tage (nach Rücksprache mit dem Stalleigentümer) sich selbst zu überlassen. Voraussetzung dafür ist selbstverständlich, dass es sich wirklich um einen gut geführten Laufstall

mit viel Platz, Sachkenntnis und Verständnis für die einzelnen Pferdecharaktere – und die der Besitzer – handelt.

Allerdings geht die Definition eines gut geführten Pferdestalls noch wesentlich weiter. Die Herstellung und Bereitstellung von hochwertigem Futter, kurze Arbeitswege, sinnvolle Lösungen für den Alltag, Bereitstellung und Pflege der Außenanlagen wie Reithalle, Reitplatz und Round Pen, eventuell eine Pferdeführanlage oder ein Solarium, ein attraktives Ausreitgelände sowie das komplette Weidemanagement gehören zu einer Qualitätspferdehaltung dazu, sind aber nur für einen entsprechenden Preis zu haben.

In größeren Betrieben löst die Silage die herkömmliche Heuherstellung ab.

Ein viel frequentierter Reitplatz muss häufig abgezogen werden, sonst verliert er schnell seine Funktionalität.

PROFI·TIPP

Die 50:50 Regel

Faustformel für Ihre Planung: Sie sollten demnach nur 50% Ihrer verfügbaren Zeit fest verplanen. Die restlichen 50% sollten Sie für Unerwartetes wie Störungen oder spontane Aktionen einplanen.

Imaginärer Gang durch eine Stallanlage oder: »Worauf müssen Sie achten?«

Ob ich nun einen Stall mit Boxenhaltung oder einen Stall mit Paddockboxen vor mir habe, beide mit – hoffentlich – sehr viel Weidegang, oder einen Offenstall bzw. eine LAG-Auslaufhaltung (natürlich auch mit Koppeln) besichtige: Auf gewisse Dinge sollte der Reiter und Pferdebesitzer immer achten. Darum begeben wir uns jetzt auf einen imaginären Gang durch einen Stall. In Ihrem Kopf, oder besser noch in Ihrer Hand, befindet sich eine Liste, auf der Sie gewisse Dinge notieren oder abhaken können.

In einem LAG-Laufstall erhalten Pferde Abwechslung durch viele Entscheidungsmöglichkeiten.

Sauberkeit und Ordnung

Der erste Eindruck spielt auch hier, wie so oft im Leben, eine große Rolle. Liegt viel Gerümpel herum, ähnelt der Hof gar einem Schrottplatz, dann ist schon große Skepsis geboten. Hervorstehende Nägel oder Schrauben, scharfe Kanten bei herumstehenden landwirtschaftlichen Geräten, unachtsam weggeworfener Draht, aber auch ein liederlich gebauter Stall mit morschem Holz oder schlecht gesicherten Fenstern und Türen beleidigen nicht nur das Auge, sondern sind in erster Linie ein Sicherheitsrisiko. Manch

Ein Gerümpelhof birgt immer eine gewisse Verletzungsgefahr.

ein Tierarzt kann ein Lied davon singen, wie solch ein »Gerümpel«-Hof einem Pferd zum Verhängnis wurde. Schnittverletzungen, im schlimmsten Fall Verletzungen am Sehnenapparat, sind schmerzhaft für das Pferd und reißen ein tiefes Loch in Ihren Geldbeutel (Tierarztkosten!). Außerdem fällt Ihr Pferd für unbestimmte Zeit aus und Sie verbringen mehr Zeit mit Pflegemaßnahmen und dem lästigen Warten auf den Tierarzt als mit reiterlichen Aktivitäten. Das Schlimmste an diesen Unfällen ist aber: Sie sind vermeidbar! Gehen Sie also keine Kompromisse ein. Außer in der Erntezeit oder einer Bauphase gehören landwirtschaftliche Maschinen in eine Remise, andere Gerätschaften und Werkzeuge in eine Werkstatt. Für alte, verrostete Geräte und sonstiges Gerümpel gibt es den Sperrmüll.

Ungepflegte Weiden und wackelige Zäune sind nicht sehr vertrauenserweckend.

Fütterung

Wenn wir schon mal bei dem Thema »Aufräumen« sind, lassen Sie sich auch das Heu- und Strohlager zeigen. Nicht nur die sorgfältige Herstellung des Raufutters, sondern auch die trockene Lagerung der Ballen ist extrem wichtig. Verschimmelte Heu- oder muffige Strohballen sollten Sie höchstens auf dem Misthaufen entdecken. Nur staubfreies, angenehm duftendes Raufutter ist gerade gut genug in der Pferdefütterung. Denken Sie an das alte Sprichwort: »Was ich am Heu spare, zahle ich dem Tierarzt!«

Hinterfragen Sie die Kraft- und ganz besonders die Raufutterportionen, die pro Tag und Pferd verfüttert werden. Gewerbliche Reitställe, insbesondere Reitvereine, haben selten eine große Lagerkapazität. Dann sind sie gezwungen, Heu nachzukaufen, wenn der Preis am höchsten ist, nämlich im Winter. Das hat zur Folge, dass zwar nicht am Kraftfutter, jedoch am Raufutter gespart wird. Kommt dann noch der jahreszeitlich bedingte Bewegungsmangel dazu, wird aus Ihrem ehemals braven Lämmchen vom letzten Sommer schnell eine Rakete, die sprichwörtlich der »Hafer sticht« ...

Sorgfältig und trocken gelagertes Raufutter ist eine Voraussetzung für eine verantwortungsbewusste Pferdehaltung.

Was für ein Stall für mein Pferd?

UNTERBRINGUNG:

- ☐ Stall mit Innenboxen und Weidegang
- ☐ Stall mit Außenboxen und Weidegang
- ☐ Stall mit Paddockboxen und Weidegang
- ☐ Stall mit Innenboxen und Auslauf im Winter
- ☐ Offenstall mit Weidegang
- ☐ LAG-Laufstall und Weidegang
- ☐ Stall mit Vollpension (Reitverein)
- ☐ Stall mit Vollpension (Privatstall)
- ☐ Stall mit Teil- oder Halbpension
- ☐ Stall für Selbstversorger
- ☐ Stall mit Haltergemeinschaft

Neben der artgerechten Unterbringung ist die Fütterung ohnehin eines der heikelsten Themen. Das Pferd hat im Verhältnis zu seinem Körper gesehen einen relativ kleinen Magen; dafür kann die komplette Darmlänge zwischen 20 und 25 Metern betragen! Diese besondere Anatomie hat zur Folge, dass Pferde Dauerfresser sind. Die Nahrungsaufnahme muss sich zwangsläufig über einen langen Zeitraum erstrecken, Futterpausen sollten in der Regel keine vier Stunden überschreiten; bei ansonsten guter Grundversorgung kann eine Futterkarenz von acht Stunden pro Nacht toleriert werden. Für das Hauspferd und seine Betreuer bedeutet dies: möglichst viele kleine Portionen Rau- und Kraftfutter über den Tag verteilt füttern.

TIPP

Allergiker-Einstreu

Gummimatten und Sägespäne-Einstreu sind bei entsprechender Pflege ein Garant für eine trockene und staubfreie Pferdehaltung; dies ist besonders für Allergiker wichtig.

Der Darm des Nahrungsspezialisten »Pferd« besitzt eine Länge von 20 bis 25 Metern.

Darum stellen Sie bei der Wahl Ihres Stalles diese Fragen ganz oben auf Ihre Liste. Wie ist die Art und Weise der Fütterung in diesem Stall geregelt? Bekommen Sie darauf nur eine ausweichende oder nicht zufrieden stellende Antwort, müssen Sie sich gut überlegen, ob Sie die Zeit und die Möglichkeit haben, mehr-

Auch in einem großen Laufstall wird individuell gefüttert.

mals in den Stall zu fahren, um eine bedarfsgerechte Fütterung zu gewährleisten. Ebenso verhält es sich mit der Beifütterung von Medikamenten oder anderen Pflegemaßnahmen im Krankheitsfall. Diese Dinge sollten vorab klar geregelt sein, und zwar schriftlich, sonst erleben Sie unangenehme Überraschungen, die viel Zeit kosten!

Eine Box mit Gummimatte und Sägespäneeinstreu eignet sich nicht nur für Pferde mit gesundheitlichen Problemen; sie ist schnell und einfach sauber zu halten.

Artgerechte Unterbringung

Dann schauen Sie sich das eigentliche Wohn- und Schlafzimmer Ihres Pferdes an. Kleine, dunkle, bis zur Decke vergitterte Boxen sollten der Vergangenheit angehören und kommen grundsätzlich nicht in Frage. Auch die Strohmatratze sollte ein Überbleibsel aus früheren Zeiten sein. Vertrauen Sie Ihrem Geruchssinn: Wenn Ihnen beim Betreten des Stalles gleich Ammoniakdüfte in die Nase steigen, dann sollten Sie die Einstreu besonders kritisch in Augenschein nehmen. Eine Box mit Stroheinstreu sauber und trocken zu halten, erfordert viel Routine und viel Zeit, aber auch eine Box mit Sägespäneeinstreu muss regelmäßig gesäubert und erneuert werden.

Organisatorische Fragen

In einem Stall mit Vollpension betreffen die Fragen der Einstreu und der Fütterung in erster Linie die Gesundheit Ihres Pferdes. Für Selbstversorger kommen noch organisatorische Fragen dazu, die alle sehr zeitrelevant sein können. Wie weit ist der Weg zum Misthaufen und wie ist die Mistentsorgung generell geregelt? Gibt es für die Einsteller ausreichend und gute Arbeitsgeräte wie Besen, Mistgabeln und Mistkarren? Befinden sich die Arbeitsgeräte immer an einem »strategisch« günstigen Platz? Erreichen Sie die Raufutter-Vorräte schnell und sind die Ballen an einem trockenen Platz aufbewahrt? Können Sie Ihre Futtervorräte trocken und mäusesicher aufbewahren? Und überhaupt: Wer füttert, wann und wie oft?

Sämtliche Arbeitsgeräte an strategisch wichtigen Punkten der Anlage ersparen Zeit und Ärger.

Die Außenanlagen

Bepflanzte Blumenkästen an den Fenstern erfreuen auch des Reiters Herz, aber wie schaut es mit der Pflege der Weiden, des Reitplatzes und sonstiger Außenanlagen aus? In der Praxis heißt das: Wer äpfelt die Weiden ab, wer kontrolliert die Zäune, wer mäht Geilstellen/Unkraut aus usw. (siehe auch Weidemanagement)? Wer zieht den Reitplatz ab und wie oft, wer kümmert sich auch dort um Reparaturen? Wie sieht es in diesem Stall mit sonstigen Diensten aus? Wer bringt beispielsweise die Pferde auf die oder holt sie von der Koppel? Wer kehrt die Stallgasse usw.? Sie sollten diese Fragen nicht verdrängen, sondern von Anfang an abklären. Häufig werden diese Dinge vom Zeitaufwand her unterschätzt und sind außerdem nicht selten Anlass für zwischenmenschliche Konflikte. Dies gilt natürlich im Besonderen für Mitglieder privater Haltergemeinschaften. Bei dieser Form der Pferdehaltung sind häufige Stallversammlungen, in denen Organisatorisches besprochen wird, die Regel. Nicht immer finden diese Versammlungen in allgemeinem Einvernehmen statt. Die Vorstellungen über finanzielle Ausgaben oder die Art, wie bestimmte Aufgaben zu erledigen sind, differieren unter Reitern oft erheblich.

Der Zaun ist solide, der Bewuchs lässt jedoch eher auf einen Auslauf denn auf eine Weide schließen.

Welcher Reitstall für mein Pferd?

REITEN

☐ Umgebung/Ausreitgelände	☐ Vorwiegend Englisch-Reiter
☐ Reithalle/Reitplatz (Größe/Zustand)	☐ Vorwiegend Western-Reiter
☐ Roundpen, Führanlage, Solarium	☐ Andere Reitweisen vertreten (z. B. Wanderreiter)
☐ Einsteller vorwiegend Turnierreiter	☐ Reitlehrer vorhanden
	☐ Spring-, Dressur- und sonstiger Unterricht möglich
☐ Einsteller vorwiegend Freizeitreiter	
☐ Einsteller mit Therapiepferden o. Ä.	☐ Reitlehrer von außerhalb (nicht) erwünscht

Ausreichend vorbereitete Pferde kommen mit dem Winter in einem Offenstall gut zurecht.

In den Wintermonaten ist die Reithalle für viele berufstätige Reiter ein unersetzlicher Trainingsort.

Der Hof im Winter

Nehmen wir mal an, Sie haben sich Ihren neuen Stall an einem sonnigen Junitag angeschaut. Die Pferde stehen auf gepflegten, grünen Koppeln, der Stall ist sauber, luftig und aufgeräumt. Im Großen und Ganzen hat diese Anlage vor Ihrem kritischen Auge bestanden. Jetzt stellen Sie sich mal vor, es wäre Winter. Ist die Stallanlage so großzügig dimensioniert, dass sich die Einsteller nicht fortwährend auf die Füße – oder auf die Hufe – treten? Gibt es ausreichend Anbindeplätze im Trockenen, gelangt man trockenen Fußes zur Reithalle? Wie viele Reiter drängeln sich an einem Winterabend in der Halle? Ist der Reitplatz technisch so ausgerüstet, dass er auch im Winter zu benutzen ist?

Für die Selbstversorger wird die Zeit im Winter manchmal zu einem echten Belastungstest: Ist der Weg zum Misthaufen trocken und ausreichend beleuchtet? Befinden sich Heu und Stroh im Trockenen und sind schnell und sicher zu erreichen? Gibt es beheizbare Tränken bzw. eine Heizung im Tränkesystem? Winterkoppeln sind in der Regel nur dort zu finden, wo ohnehin viel Fläche vorhanden ist und der Boden es zulässt. Gibt es für die Boxenpferde trotzdem ein paar trockene Winter-Paddocks? Wer sorgt im Winter für einen Auslauf tagsüber?

Die Wasserversorgung

Werden Stallfenster und -türen im Winter unter anderem wegen der Gefahr einfrierender Wasserleitungen geschlossen, ist das ein großer Nachteil, denn Pferde benötigen auch im Winter Licht und frische Luft. Es gibt heute viele Lösungen für dieses Problem, daran sollte eine ansonsten moderne Stallanlage nicht scheitern. Ein Pferd verliert auf Grund seiner großen Oberfläche viel Feuchtigkeit. Es hat pro Quadratzentimeter ca. 100 Schweißdrüsen, der Mensch hingegen nur vier bis fünf. Heu, Stroh und auch das Kraftfutter müssen gut eingespeichelt werden. So kommen pro Tag bis zu 30 Liter Wasserbedarf zusammen. Tränken mit Wassereimern ist sehr zeitaufwändig und birgt immer die Gefahr, dass das Pferd zu wenig Flüssigkeit bekommt.

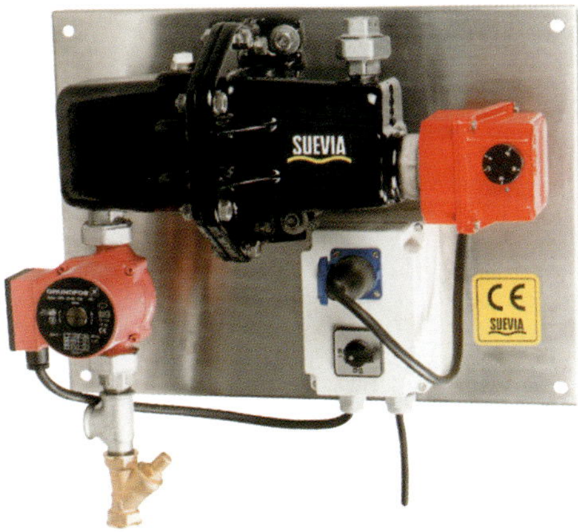

Ein Heizungsgerät im Wasserkreislauf bewahrt die Stallanlage vor eingefrorenen Leitungen.

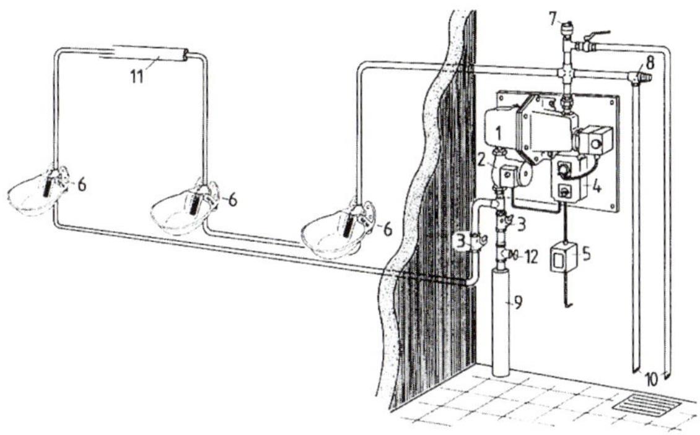

▸ **TIPP**

▸ **Tränksysteme**

Informieren Sie sich im Fachhandel für Agrartechnik über:

- beheizbare Tränkebecken
- Isolierung der Wasserleitungen
- oder eine »Heizung« als Vorlaufsystem für die Leitungen zu den Tränkebecken.

Ein durstiges Pferd bedient sich auch schon mal direkt!

Zum Stichwort Wasser ist außerdem zu sagen, dass es im Stall von großem Vorteil sein kann, sowohl eine kalte als auch eine heiße Wasserquelle zu haben. Nicht nur der Tierarzt freut sich über solchen Luxus, jeder Pferdebesitzer möchte mal seine Futtereimer reinigen, Möhren putzen oder ein Mash anrühren. Wenn es eine Futterküche gibt, die diese Tätigkeiten erlaubt, ist das eine große Erleichterung. Und der Hufschmied freut sich über einen gepflasterten oder betonierten, möglichst ebenen und gut ausgeleuchteten Bereich im Stall, um korrekt arbeiten zu können. Dass dieser Bereich im Trockenen liegen sollte, versteht sich von selbst.

Die Sattelkammer

Beim Rundgang durch den Stall sollten Sie Ihr kritisches Augenmerk auch auf die Sattelkammer richten. Können Sie Sattel, Trensen, Decken, Putzzeug und sonstiges Zubehör trocken und sicher unterbringen? Gibt es ausreichend Platz für jeden Einsteller? Und gibt es eventuell abschließbare Schränke? Eine aufgeräumte und gut organisierte Sattelkammer, die im Winter beheizbar ist, um Decken und Mäntel zu trocknen, ist auf alle Fälle ein großer Pluspunkt auf unserer Liste.

Baustellen und Provisorien

Der Teufel steckt oft im Detail. Berücksichtigen Sie bei Ihrer Stallsuche auch alle Tätigkeiten des (Pferde-)Alltags. Sommers wie winters. Es gibt Ställe, die auf den ersten Blick einen sauberen, ordentlichen Eindruck hinterlassen. Bei genauerem Hinsehen sind diese jedoch oft mehr für die Bedürfnisse der Reiter als für die Bedürfnisse unserer Pferde konzipiert.

Es gibt auch eine ganze Reihe von Ställen, die auf halbem Weg stecken geblieben sind. Darum sollten Sie sich nicht von halbherzigen Versprechungen in die Irre führen lassen. In der Praxis hört man häufig den Spruch: »Demnächst wird eine Halle (Platz, Round Pen usw.) gebaut.« Und nach einem Jahr ist davon immer noch nichts zu sehen. Dabei geht es nicht in erster Linie um den Ärger, den man sich mit dem Stallbesitzer einhandelt. Dahinter steckt vor allem die Zeitfalle, wenn Sie Ihre (Frei-)Zeit in einem halbfertigen oder schlecht durchdachten Stall vergeuden müssen. Auch zeigt die Erfahrung, dass man sich an provisorische Zustände schnell gewöhnen kann – viele Einsteller harren mit ihren Pferden jahrelang auf solchen Baustellen aus.

Auch die Sattelkammer sollte bei der Besichtigung des neuen Stalles unter die Lupe genommen werden.

PROFI-TIPP

Verwandeln Sie Unlust in Lust

Stellen Sie sich vor, wie es Ihnen nach vollbrachter Leistung gehen wird, und genießen Sie dabei die positiven Gefühle. Zerlegen Sie Ihren Aufgabenberg in kleine Schritte. So stimmen Sie sich positiv, da Sie sich nur zu etwas Kleinem verpflichtet haben. Und zum Schluss: Gönnen Sie sich nach vollbrachter Arbeit eine kleine Belohnung.

Es gibt Träume, die lassen sich nur in einem eigenen Stall verwirklichen.

Der Traum vom eigenen Stall

Im ersten Kapitel war schon einmal die Rede vom „Pferdevirus", der das Leben eines ganz normalen Menschen grundlegend verändern kann. Dieser Virus breitet sich aus, und irgendwann verwandelt er einen Reiter nicht nur in einen Pferdebesitzer, sondern lässt ihn auch vom eigenen Stall träumen. Unterstützt und genährt werden diese Träume in aller Regel durch Erfahrungen mit schlechten Haltungsbedingungen, qualitativ unzureichendem Futter, tatsächlicher oder vermeintlicher Inkompetenz von Stallbesitzern und dauerndem Getratsche der Pferdebesitzer bis hin zu Mobbing.

Auf dem Weg vom Traum zur Wirklichkeit helfen allerdings keine romantischen Gefühlsduseleien, sondern nur die harten Fakten: die genaue Einschätzung der zeitlichen und finanziellen Möglichkeiten. Bei einem Stallneubau auf dafür eigens erworbenem Grund und Boden (gerechnet für zwei Pferde) liegen die zu erwartenden Kosten im fünfstelligen Bereich. Und die anfallenden Arbeiten, die bislang als Dienstleistung bezahlt worden sind, müssen nun selbst erledigt werden. Dafür haben die Pferdebesitzer die einmalige Chance, einen Stall zu bauen, der einerseits allen Bedürfnissen unserer Pferde nach Luft und Licht, Bewegung und sozialen Kontakten zu Artgenossen gerecht wird, andererseits aber auch alle Kriterien einer zeitsparenden Arbeitsorganisation erfüllt.

Am folgenden konkreten Beispiel einer Stallgemeinschaft können Sie sehen, welche Kriterien Sie beim Stallbau und bei der täglichen Arbeitsorganisation beachten müssen. Unser »Vorzeigestall« wurde für zwei Pferde gebaut und vereint die elementaren Bedürfnisse der Vierbeiner mit den persönlichen Lebensumständen der Pferdebesitzer auf eine einfache und sinnvolle Weise. Lassen Sie sich inspirieren!

Der Eingangsbereich

Im konkreten Fall fängt das schon vor dem Eingangsbereich an: Das Licht lässt sich per Fernsteuerung ein- und ausschalten (natürlich wichtig im Winter!). Die komplette Anlage ist sowohl mit einem Holzzaun als auch mit einem Elektrozaun gesichert. Überhaupt muss beim Bau als oberster Grundsatz gelten, dass alles – ohne Rücksicht auf die Kosten – den höchsten Anforderungen der Sicherheit, also der Unfallverhütung und der Schadstofffreiheit, genügen muss. Elektroinstallationen dürfen keine Provisorien sein, denn gerade im Stallbereich muss der Feuerschutz oberste Priorität haben.

Dieser »Vorzeigestall« zeichnet sich durch Überschaubarkeit und kurze Arbeitswege aus.

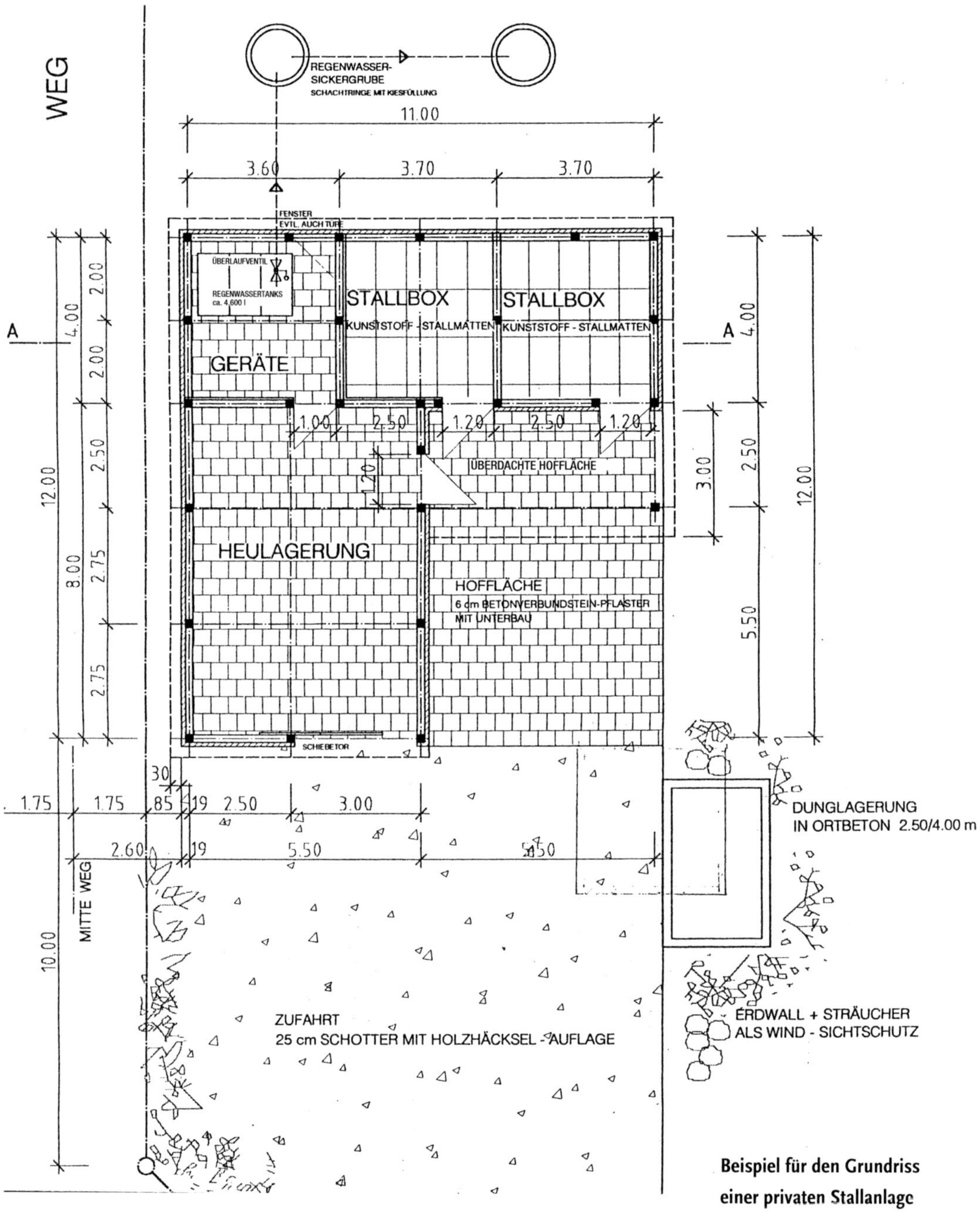

Beispiel für den Grundriss einer privaten Stallanlage

Dieser Eingangsbereich lässt sich schnell und einfach vergrößern, damit ein Traktor die Anlage befahren kann.

Nicht nur der Zaun im Eingangsbereich, auch das Stalltor lässt sich auf Arbeitsbreite eines mittelgroßen Traktors mit Anhänger öffnen. So ist es möglich, das Heulager in relativ kurzer Zeit mit kleinen, aber auch großen Heuballen frontal und gerade zu befüllen. Der Arbeitsbereich im Innern des Stalles zeichnet sich durch seine Überschaubarkeit und durch kurze Wege aus. Die Sattelkammer ist aus versicherungstechnischen Gründen separat eingerichtet und abschließbar.

Der Innenbereich für die Pferde ist mit Gummimatten ausgelegt, eingestreut wird mit Spänen. So bleibt das Mistvolumen klein und überschaubar. Für eine große Mistplatte ist weder der Platz vorhanden noch lässt sich so ohne Weiteres ein Abnehmer für den Strohmist finden. Häufig erweist sich auch die behördliche Genehmigung für eine große Mistplatte als Stolperstein.

Der Innenbereich dieses Laufstalls ist mit Gummimatten ausgelegt. Alles lässt sich zeitsparend reinigen.

Im Winterauslauf reichen Hackschnitzel auf einer Drainage, um die Pferde sauber und trocken zu halten.

Beheizbare Tränken ersparen den Pferdebesitzern das lästige Wasserschleppen.

Der Außenbereich

Die Drainage für den Außenbereich besteht aus Rohren und Schotter auf einen halben Meter Tiefe. Bei der Tretschicht haben sich die Eigentümer für Hackschnitzel entschieden, die der ansässige Bauhof kostenlos abgibt. Um den Außenbereich trocken zu halten, reicht es, diese Tretschicht zweimal im Jahr zu erneuern. Tränkebecken befinden sich nicht nur im Innenbereich, sondern auch außen am Stall, selbstverständlich gut isoliert. Das Regenwasser wird durch ein Filtersystem in einen innen liegenden Tank geleitet und verringert so die laufenden Kosten.

Fütterung

Sommerzeit ist Koppelsaison und die Weiden können tagsüber oder nachts genutzt werden. In der übrigen Zeit muss den Pferden Raufutter zur Verfügung stehen. Dazu hat man zwei »Kartoffelkisten« gebaut, die auf Rollen laufen und so leicht zu reinigen sind. Überhaupt zeichnet sich die ganze Stallanlage durch einfache, aber effiziente Lösungen aus. Morgens reicht eine halbe Stunde für Füttern und Misten (eine Person); abends kommt noch eine Stunde dazu, um alles auf Vordermann zu bringen.

Auch bei einer privaten Stallgemeinschaft geht es nicht ohne einen Landwirt des Vertrauens, der Pferdeheu in höchster Qualität herstellt und bereit ist, dieses im Winter zu lagern und je nach Bedarf zu liefern. Apropos Landwirt: Wem ein kompletter Neubau zu teuer und zu aufwändig ist, kann die Möglichkeit in Erwägung ziehen, landwirtschaftliche Nebengebäude zu pachten und umzubauen. Stehen dann noch die erforderlichen Grünlandflächen zur Verfügung, kann der Traum vom eigenen Stall auch so Wirklichkeit werden. Bei dieser Konstellation sollten allerdings detaillierte schriftliche Verträge die Zusammenarbeit bzw. das Zusammenleben regeln.

Gesetzliche Hürden

Bevor man jedoch im eigenen Stall seinen Pferden beim friedlichen Kauen der Abendportion Heu zuschauen kann, sind noch einige Hürden zu nehmen. Diese Hürden heißen unter anderem Gemeinderat, Landratsamt, Veterinäramt, Bauamt und so weiter.

Eine selbst gebaute Heukiste mit Stopper schont den Geldbeutel.

Außerdem lohnt es sich, vor der Planung möglichst viele verschiedene Stallanlagen anzuschauen und jeweils die Vor- und Nachteile abzuwägen. Nicht alles, was beispielsweise auf einer Pferdemesse als ultimative Neuheit angepriesen wird, hält im Alltag das, was es verspricht. Auch sind die Erfordernisse in jedem Stall unterschiedlich und müssen individuell geprüft werden. Überhaupt gilt es, sich möglichst viel Fachkenntnis anzueignen, damit Ihr Traum nicht schnell zum Albtraum wird.

Beispielplan für einen Privatstall:
Ansicht von vorne

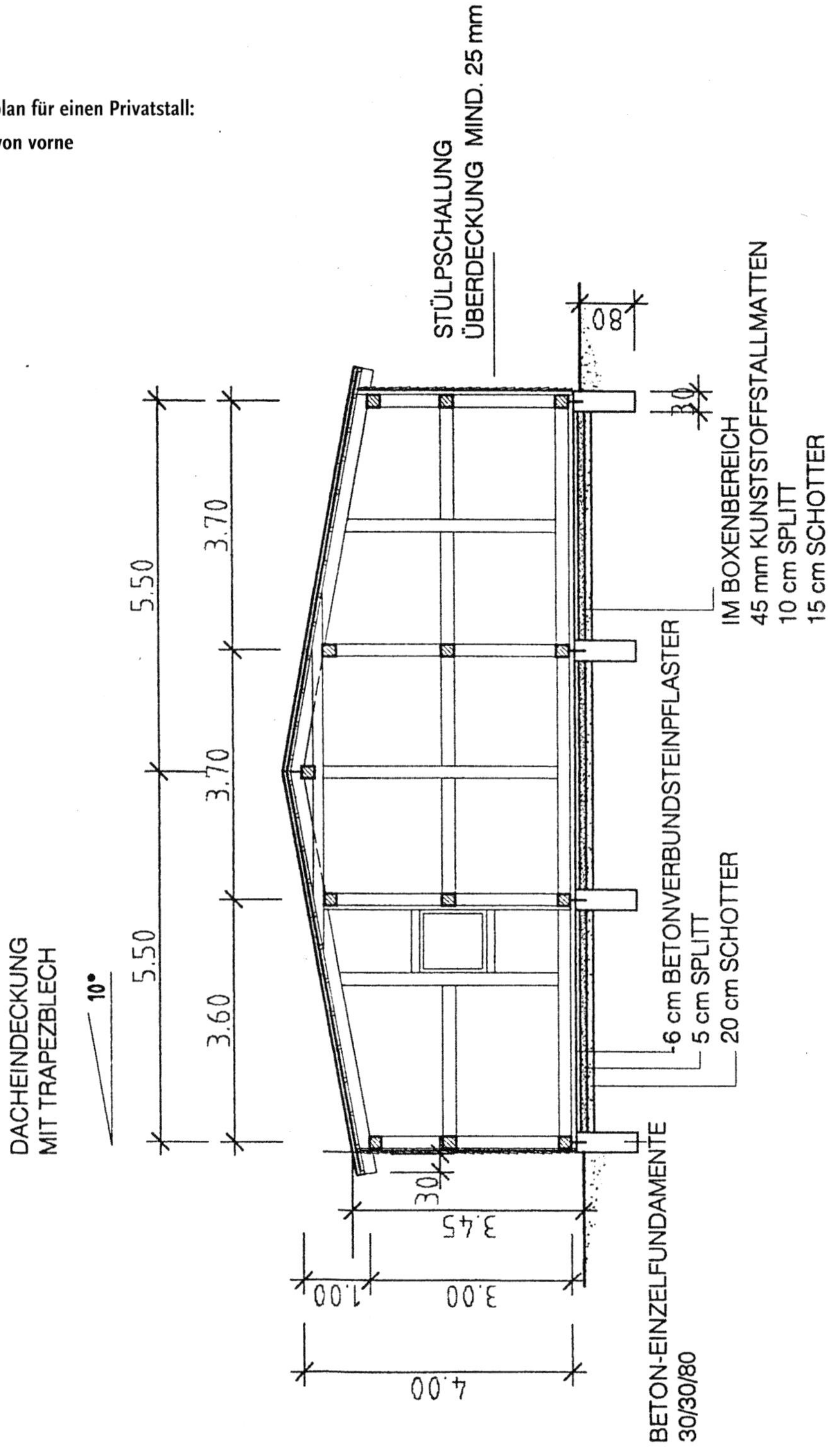

Zeitaufwand, inklusive Stallarbeit

STALLZEIT: OKTOBER BIS MAI – TÄGLICH:

- [ ] 20 Min. misten / Pferd
- [ ] 20 Min. Heu aufschütteln, Heuwagen und Raufen füllen, Heulager fegen
- [ ] 15 Min. Auslauf sauber machen (150 m^2)
- [ ] 10 Min. befestigten Paddock fegen (ca. 50 m^2)
- [ ] 20 Min. Pferd putzen / Hufe kontrollieren

Zeitaufwand, inklusive Weidepflege

WEIDEZEIT: JUNI BIS SEPTEMBER:
(Reiner Koppelgang mit Unterstand)

- [ ] **20 Ar Weide am Stall fest eingezäunt – täglich:**
  - 30 Min. Koppelpflege (Pferdeäpfel ablesen)
  - 20 Min. Pferde putzen / Hufe kontrollieren
- [ ] Dazu nach Bedarf:
  20 Ar Weide am Stall, mobil eingezäunt:
  - **20 Min. Koppelpflege** (Pferdeäpfel ablesen)

WEIDEZEIT: ANFANG UND ENDE

- [ ] ca. 5 Stunden Weide einzäunen / abbauen (mit 2 Personen) Dazu nach Bedarf: Weide (ca. 15 Ar), nicht direkt am Stall; Weide wird ca. 6 Wochen genutzt
- [ ] 1 x pro Woche Wasserfass (100 Liter) auffüllen (hitzeabhängig), dauert 1 Stunde bei 1 Person mit Traktor

Zeitaufwand rund ums Jahr

ALLE 3 MONATE:

- [ ] Heulager auffüllen; große Ballen werden vom Bauern mit Frontlader gebracht = ca. 1 Stunde / 1 Person
- [ ] Kleine Ballen (mobil eingezäunte Weide wird einmal im Jahr abgemäht) werden von 2 Personen mit Traktor in 2 bis 3 Stunden eingelagert.
- [ ] Späne für die Einstreu holen = 10 Ballen / 1 Stunde
- [ ] Miste (ca. 10 m³) leeren:
  Aufladen von Hand und wegfahren mit Traktor:
  1 Person / 4–5 Stunden

ZWISCHENDURCH:

- [ ] Dachrinne im Frühjahr und Herbst kontrollieren und eventuell säubern – Zeitbedarf je nach Umständen
- [ ] Weide zweimal im Jahr mulchen = 2–3 Stunden
- [ ] Im Oktober einmal Koppel nachsäen – nach Umständen (sonstige Reparaturarbeiten nach Art und Aufwand)

Stallbau

Bei der baulichen Umsetzung in Richtung »eigener Stall« muss in aller Regel abgewandelt und den vorliegenden Gegebenheiten angepasst werden. Auch ist ein Stall niemals wirklich fertig. Im beschriebenen Fall kommt an der Rückseite des Stallgebäudes im Koppelbereich noch ein Schatten spendender Unterstand dazu. Die Bäume, die im Außenbereich gepflanzt wurden, brauchen sicherlich noch einige Jahre, um diese Funktion zu übernehmen. Der Bau eines eigenen Stalles oder auch der Umbau vorhandener Gebäude zu einer Stallanlage machen es notwendig, sich im Vorfeld möglichst viel Fachkenntnis anzueignen. Sonst kann der Traum schnell zu einem Albtraum werden. Oberflächliche Sachkunde durch Hören-Sagen und romantische Höhenflüge sind wenig zweckdienlich.

Ein guter Stall wird nie fertig – hier entsteht ein Unterstand für den nächsten Sommer.

Arbeiten rund ums Jahr

Einen gut geführten Stall erkennt man nicht nur an den sauberen Boxen, gepflegten Weiden und wohlgenährten Pferden. Bei näherem Hinsehen erkennt man die vorausschauende Betriebsführung anhand von gut geführten Terminkalendern. Da ist genau verzeichnet, welches Pferd wann seine nächste Impfung erhält, wann der Termin mit dem Hufschmied ansteht, wann im Stall entwurmt werden muss und wann bzw. wer die nächsten Säcke Kraftfutter holt. Vielleicht gibt es aber auch eine Absprache mit dem Futterlieferanten, der immer rechtzeitig die nötige Menge liefert. Das Wohl und Wehe unserer Pferde hängt eben nicht nur von Streicheleinheiten und Leckerlis ab, sondern auch von einer wohldurchdachten Organisation.

Auch ein erfolgreiches Weidemanagement hängt von Terminen ab, die sich wiederum durch den Jahresablauf und das Wetter ergeben. Ebenso sollten alle notwendigen Papiere, die zu einem Pferd gehören, bei Bedarf sofort zur Hand sein. Mit diesen eher nüchternen Fakten muss sich ein Pferdebesitzer auch auseinandersetzen, wenn er nicht im Chaos versinken will.

Planung ist Alles

▶ Weidemanagement

Das Frühjahr eines jeden Jahres wird von vielen Pferdebesitzern immer wieder mit Freude erwartet. Der Termin Ende April oder Anfang Mai – je nach Wetterlage – bedeutet Weideaustrieb. Selbst wenn die Pferde einen Winterauslauf hatten, so ist auch ihnen die Freude auf die wiedergewonnene Bewegungsfreiheit und das frische Grün anzumerken. Und wer kann sich diesem Bild entziehen, wenn Pferde – vielleicht sogar ein paar Stuten mit ihren Fohlen – über grüne Wiesen ziehen. »Romantik pur«, sagen die einen; »viel Arbeit«, sagen die anderen.

Bevor wir uns auf die einzelnen Aspekte des Weide- und damit auf unser Zeitmanagement stürzen, müssen einige Fakten geklärt werden. Zum Beispiel die Tatsache, dass jede ausschließ-

Treibgänge zu den Koppeln sind eine ausgesprochen praktische und zeitsparende Lösung.

liche Beweidung mit Pferden Monokultur ist. Wenn besagte Arbeit – und damit auch die Zeit – nicht in die Pflege der Weiden gesteckt wird, sind die Folgen sehr bald zu erkennen. Starke Überbeweidung durch gnadenlose Pferdezähne und die Verdichtung des Bodens durch die Hufe machen aus einer grünen Weide schnell eine Matschkoppel, die bestenfalls noch als Auslauf dient. Wenn allerdings niemand regelmäßig die Kothaufen beseitigt, eignet sich diese Fläche nicht einmal mehr dazu.

Große, gepflegte Weiden sind für tragende und laktierende Stuten ein unbedingtes Muss …

Vernachlässigte Flächen erkennt man sowohl an den verstreut liegenden neuen und alten Kothaufen als auch an den »Trampelpfaden« entlang des Zaunes, da die Pferde sich auf dieser Koppel langweilen und unter anderem nach besseren Weidemöglichkeiten auf der anderen Seite des Zaunes suchen. Selbst wenn eine solche »Weide« stellenweise grün ausschaut, erkennt man bei näherem Hinsehen die typischen Pflanzen einer solchen Koppel, die von den Pferden verschmäht werden.

Stundenlanges Grasen, vorwiegend im Schritt, das Heraussuchen schmackhafter Pflanzen, die Beschäftigung mit Artgenossen, die Konfrontation mit Wetterreizen, das sind alles Ur-

… das Ergebnis sind gesunde Fohlen.

instinkte unserer Pferde. Als Gesamtfläche sowohl für die Weidesaison als auch zur Gewinnung von Winterheu rechnet man bei gemäßigtem Klima und fruchtbarem Flachland für zwei Pferde unserer Warmblutrassen etwa einen Hektar (= 10.000 m² = 10 Ar). Stehen dem Pferdehalter nur kleine Flächen zur Verfügung, wird sich die Weidezeit pro Tag auf wenige Stunden reduzieren, mit entsprechender Zusatzfütterung von Raufutter.

Der folgende Jahresüberblick zeigt, wie viel Arbeitseinsatz nötig ist, um eine gute Qualität der Weiden zu erhalten:

Weidepflege im Jahresüberblick

JANUAR	Hecken- und Baumschnitt
FEBRUAR	Weiden abschleppen, Kalk- oder Kompostdüngung (falls nicht im Herbst erfolgt)
MÄRZ	Bodenproben nehmen; Baum- und Heckenanpflanzungen; Unkrautbeseitigung; Wasserversorgung prüfen
APRIL	Absammeln von Unrat (insbesondere in der Nähe von Verkehrsflächen usw.); Neuansaat oder Nachsaat; Düngen (nach Bodenprobe); Zaunbau bzw. Zaunüberprüfung
MAI	Anweiden (14 Tage Mindestgewöhnungszeit)
JUNI	Mahd; Heuernte
JULI	evtl. Nachdüngen (siehe Bodenprobe)
AUGUST	Neuanlagen oder Nachsaat
SEPTEMBER	Nachmahd; Weidepflege
OKTOBER	Ausbringen von Kompost/Phosphat
NOVEMBER	Kalkdüngung
DEZEMBER	Gräben reinigen; Böschungen mähen

Auch ein Wasserwagen »Marke Eigenbau« versorgt die Pferde während der Weidesaison zeitsparend.

Dazu kommt die ständige Zaunkontrolle, die Kontrolle der Wasserversorgung, das Ausmähen unerwünschten Bewuchses und das Umstecken von Portionsweiden. Selbstverständlich ist diese Übersicht nur ein ungefährer Anhaltspunkt und kann sich durch Wettereinflüsse und landschaftliche Unterschiede ändern.

Die Pflege von Wiesen und Weiden ist die wichtigste Grundlage für die Haltung und Zucht von Pferden. Darum kommt jeder Pferdehalter, der dies in Eigenregie betreiben möchte, nicht ohne pflanzenbauliche Kenntnisse, verbunden mit einem biologischen Grundwissen, sowie gewisse landwirtschaftliche Fertigkeiten aus. Es versteht sich von selbst, dass im Rahmen dieses Buches kaum auf die komplexen Zusammenhänge der Weidewirtschaft und des Weidemanagements eingegangen werden kann. Dem interessierten Pferdebesitzer, der seine Vierbeiner fachgerecht das ganze Jahr über begleiten möchte, empfehle ich die entsprechende Fachliteratur. Auch Besuche bei Fachbetrieben, wie sie öfters von Zucht- und Sportverbänden angeboten werden, sind in diesem Zusammenhang hilfreich. Neben der Besichtigung der Anlagen bietet sich hier auch meist die Gelegenheit, Fachleute bei spezifischen Problemen um Rat zu fragen.

Das Abäpfeln der Weiden ist ein unbedingtes Muss. Pfiffige Lösung: Ein halber Kanister macht Karriere als Mistboy.

Organisation der Weidepflege

Es kann gar nicht hoch genug geschätzt werden, wenn ein Stallbetreiber – sei es ein Vollerwerbslandwirt oder ein Hobbylandwirt – sich diesen Aufgaben stellt und sich insbesondere mit den ganz speziellen Anforderungen der Pferdehaltung und -fütterung auseinandersetzt. Für die einzelnen Pferdebesitzer bleiben in der Regel die unterstützenden Maßnahmen wie das Abäpfeln der Weiden und die Kontrolle der Tränkebecken übrig. Im Interesse der Gesundheit unserer Pferde sollte dies nicht nur als lästige Pflicht abgetan werden. In der Praxis bewährt hat sich ein Wochenplan. Je nach Besatz einer Weide (Beispiel: bei 6 Pferden wird jeder Besitzer einmal pro Woche abäpfeln, der 7. Tag wird als »rotierender« Tag noch einmal vergeben!) erreicht man eine zufriedenstellende Weidehygiene.

Im Frühjahr setzt sich die Koppelgemeinschaft zusammen und beratschlagt über einen entsprechenden Plan. Jeder Pferdebesitzer dieser Gemeinschaft kann dann seinen »Wunschtag« vorschlagen. Die Verteilung der Koppeltage wird auf einem Kalender bis zum Ende der Weidesaison festgehalten. So hat jeder Pferdehalter den im Voraus festgelegten »Koppeltag« und kann sein eigenes Zeitmanagement im Auge behalten.

Bei großen Flächen wird der Einsatz von Maschinen unumgänglich sein. Bei der maschinellen Bearbeitung der Weiden ist allerdings auf einige Besonderheiten zu achten: Ist zum Beispiel ein Traktor mit einer Schleppe über die Koppel gefahren, muss diese Fläche anschließend ruhen, um eine Reinfizierung mit Würmern und sonstigen Parasiten zu vermeiden. Im Übrigen sollte jeder Pferdeliebhaber seine Weiden nicht nur mit einer kurzfristigen Nutzung in Verbindung bringen, sondern die Bedeutung einer langfristigen und nachhaltigen Bewirtschaftung kennen. Bevor Sie also Ihr Pferd auf einer grünen Wiese betrachten können, müssen einige wichtige Fragen im Sinne unseres Zeitmanagements im Voraus geklärt werden:

Weidemanagement

- [ ] Wer bringt die Pferde auf die Weide?
- [ ] Wer bringt die Pferde zurück in den Stall?
- [ ] Wie ist das stundenweise Anweiden im Frühjahr organisiert?
- [ ] Wie verhält es sich bei unterschiedlichen Bedürfnissen verschiedener Rassen, d. h. gibt es zum Beispiel Portionsweiden für schnell verfettende Nordlandponys?
- [ ] Wie ist bei Weidegang die sonstige Fütterung organisiert?
- [ ] Wer äpfelt die Weiden ab und wie oft?
- [ ] Wer kontrolliert die Wasserversorgung und die Zäune?

Auch wenn verschiedene Wetterreize unsere Pferde gesundheitlich trainieren, so gibt es doch gewisse Grenzen. Wenn auf der Weide keine Schutzhütte oder Waldstück vorhanden ist, wohin sich die Pferde in der Mittagshitze und bei einsetzender Fliegenplage zurückziehen können (auch rangniedere Tiere), dann bleibt nur noch der Stall als letzte Möglichkeit übrig. In der Praxis heißt das: Weideaustrieb in den frühen Morgenstunden und Hereinholen der Tiere am Mittag, eventuell Weidegang in den Nachtstunden. Eine andere Lösung muss bei andauerndem nasskalten Wetter gesucht werden, auch schon mit Rücksicht auf die Bodenverhältnisse.

Wenn Stall und Weiden nicht gleich bei Ihnen »um die Ecke liegen«, aber auch bei kurzen Wegen, können diese Dinge Ihren Zeitplan gehörig durcheinander bringen. Ebenso die Organisation von Extraleistungen. Ich denke dabei z. B. an die Versorgung von einem Ekzempferd mit Fliegendecke und Lotion. Auch das Herunternehmen und Anbringen von Schutzdecken bei Sportpferden im Winter ist solch ein »Extra« und muss im Voraus gesichert sein.

Der Schutz der Pferde während der Fliegenzeit muss vorher abgesprochen werden.

Lassen Sie sich nicht von halbherzigen Versprechungen einwickeln. Vertrauen Sie nicht auf ein »Das klappt schon«. Nur wenn Sie vorher wissen, dass Ihr Pferd regelmäßig von den von Ihnen autorisierten Personen auf die Weide gebracht und von der Weide geholt wird, können Sie Ihren Zeitbedarf pro Tag bzw. pro Woche genau kalkulieren. Als Gegenleistung haben Sie selbstverständlich ein Pferd in diesen Stall gebracht, das sich beim Anblick einer grünen Weide weder vom Führstrick losreißt noch ansonsten irgendwelche Unarten an den Tag legt, welche Mensch und Tier in Gefahr bringen.

Fühlen sich Pferde sicher und wohl, wagen sie auch ein Nickerchen auf der Weide.

Nur wenn alle Fragen rings um das Weidemanagement geklärt sind, können Sie sich mit Ihrem Pferd jedes Jahr aufs Neue auf eine grüne und gepflegte Koppel freuen. Und was das lästige Abäpfeln betrifft, sehen Sie es einfach mal von der positiven Seite. Richtig eingeplant, kann diese Zeit auf der Weide als beruhigende, geradezu meditative Tätigkeit angesehen werden. Verbinden Sie es doch mit einer Lehrstunde in Sachen Pferdeverhalten beim Betrachten der Herde. Oder nehmen Sie es zum Anlass, die Flora und Fauna einer solchen Wiese näher in Augenschein zu nehmen. Lernen Sie, die einzelnen Gräser und Kräuter zu unterscheiden, beobachten Sie, welche Insekten Ihre Weide bevölkern und sehen Sie, wie sich dieses Biotop im Laufe eines Jahres verändert. Die Welt um unsere Pferde herum birgt viele Geheimnisse.

Im Sommer ist die Pflege eines nicht befestigten Auslaufs eine schnelle Sache; im Winter kann das zur Geduldsprobe werden.

PROFI·TIPP

5 goldene Energiespar-Regeln

- Wenn du etwas herausnimmst, lege es wieder zurück.
- Wenn du etwas öffnest, schließe es wieder.
- Wenn dir etwas heruntergefallen ist, hebe es wieder auf.
- Wenn du etwas nachkaufen willst, schreibe es sofort auf.
- Wenn du etwas reparieren musst, tue es innerhalb einerWoche.

Vor dem Jahreswechsel gibt es vielerorts Werbe-Kalender zum Nulltarif; für unser Zeitmanagement ein wichtiges Hilfsmittel.

Wichtige Termine im Jahreslauf

Bislang war von Tages- und Wochenplänen die Rede, um eine Übersicht über den individuellen Zeitverbrauch zu erhalten. Bei den nun folgenden Terminen handelt es sich um größere Intervalle, die einzuhalten sind. Wenn Sie sich bereits gut strukturieren können, werden Sie diese Daten am Anfang eines jeden Jahres in einen Terminer schreiben und berücksichtigen können. Eine andere Möglichkeit ist der Wandkalender. Am besten eignet sich ein großer Terminkalender, der Platz bietet für entsprechende Notizen. So behalten Sie auch Wochen im Voraus Ihre Termine im Auge.

Entwurmen

Entwurmen, Impfen und natürlich die Verabredungen mit dem Hufschmied sind wichtige Eintragungen in einem Kalender. Diese Termine stehen in einem engen Zusammenhang mit der Gesundheit Ihres Pferdes. Nasse Einstreu und kotverseuchte Matschausläufe leisten nicht nur Mauke und Strahlfäule Vorschub, sondern unterstützen ebenso die Ausbreitung verschiedener Parasiten. Mit ein paar Würmern wird jedes gesunde Pferd fertig. Wenn jedoch der Wurmbefall zu stark ist, können chronische Schäden die Folge sein. Planloses und häufiges Entwurmen bewirkt eher die gefürchtete Resistenz gegenüber den gängigen Mit-

Um die Wurmbekämpfung kommt kein Pferdebesitzer herum; erkundigen Sie sich nach dem richtigen Zyklus und den passenden Präparaten.

teln. Auch die wirksamsten Präparate der pharmazeutischen Industrie ersetzen weder Stall- noch Weidehygiene.

Neben einem Koppelplan sollte darum auch ein fester Termin für das mehrmals im Jahr erfolgende Entwurmen bestehen. Bewährt haben sich die Termine im Frühjahr vor dem Weideaustrieb (Mitte April), dann im Sommer (August) und, ganz wichtig, der Termin im Spätherbst/Winter (November/Dezember) zur Bekämpfung der Dasselfliegenlarven. Voraussetzung für ein viermonatiges Intervall ist die bereits angesprochene Stall- und Weidehygiene. Bei hohem oder stark wechselndem Pferdebesatz im Stall und auf den Weiden erhöht sich der Entwurmungszyklus auf vier- bis sechsmal pro Jahr.

Auf jeden Fall wird der nächste Entwurmungstermin, sowie der Name der Person, die fr die Bestellung der erforderlichen Wurmmittel verantwortlich ist, rechtzeitig bekannt gegeben. Dann erfolgt die Entwurmung gemeinsam, beispielsweise an einem Wochenende. Danach empfiehlt es sich, den Kot sorgfältig überall abzulesen. Bei stark verwurmten Pferden kann man tatsächlich die in der Regel abgetöteten Würmer im Kot entdecken. Keinem verantwortungsbewussten Pferdebesitzer bleibt es erspart, sich mit diesem etwas unappetitlichen Thema der Pferdehaltung auseinanderzusetzen und sich ein gewisses Fachwissen über Parasiten und Wurmbekämpfung anzueignen.

Ein Jahreskalender im Überblick: So haben Sie alle wichtigen Termine »vor Augen«.

Impfen

Neben dem regelmäßigen Entwurmen zählen Impfungen zu den wichtigen Terminen im »Pferde«-Jahr. Infektionskrankheiten, die durch Viren und Bakterien ausgelöst werden, können nur durch entsprechende Impfungen auf einem erträglichen Level gehalten werden.

Impfungen bestehen meist aus einer Grundimmunisierung mit Wiederholungs- bzw. Auffrischungsimpfungen. Die meisten Tierärzte und Kliniken helfen dem Pferdebesitzer mit einer schrift-

Impfen

Empfohlene Impfung	Wie oft?	mit/ohne Grundimmunisierung
Tollwut	jährlich	ohne
Tetanus	zweijährlich	mit
Influenza	alle 6–9 Monate	mit
Herpes	alle 6 Monate	mit

Termine rund ums Jahr (Beispielplan)

X = genaues Datum

	Entwurmen	Impfen	Hufschmied
Januar			X
Februar		X	
März			X
April	X		
Mai			X
Juni			
Juli			X
August	X	X	
September			X
Oktober		X	
November			X
Dezember	X		

lichen oder telefonischen Erinnerung, den Impfplan einzuhalten. Trotzdem ist es natürlich sinnvoll, selbst einen groben Überblick über die Impftermine des eigenen Pferdes zu behalten. Neben der Tollwut- und Tetanus-Impfung wird heutzutage meist noch eine Influenza- und Herpes-Impfung empfohlen.

Zusätzlich zu dem altbekannten kleinen Impfbüchlein, das in jedem Pferdestall schnell zur Hand sein sollte, haben die Impfbescheinigungen im Equidenpass in letzter Zeit immer mehr an Bedeutung gewonnen. Für Turnierreiter und alle, die öfter mit ihrem Pferd unterwegs sind, ist der lückenlose Impfnachweis zwingend notwendig. Gerade die heutige Mobilität und die großen Pferdepopulationen auf kleinem Raum begünstigen Infektionen.

Der Hufschmied

Weitere Notizen auf unserem Jahresplan sind die Termine mit dem Hufschmied. Egal ob Ihr Pferd beschlagen werden muss oder Barfußläufer ist: Die regelmäßige Pflege der Hufe zählt ebenfalls zur gesundheitlichen Prophylaxe. Jeder Millimeter Horn zu viel oder an der verkehrten Stelle des Hufes verändert das Auffußen und belastet unnötig Bänder und Sehnen. Eisen, Aluminium, Kunststoff oder barfuß – das ist alles keine Frage des Glaubens, sondern erfordert entsprechende Sachkenntnis. Auf jeden Fall zeugt es von Verantwortung, wenn der Pferdebesitzer den Hufschmiedetermin in einem dem Pferd angepassten Zyklus organisieren und einhalten kann.

In einigen großen Ställen gibt es alle sechs bis acht Wochen einen Hufschmiede-Tag. Dieser ist dort den ganzen Tag tätig und die Pferde werden – gegen Aufpreis – vom Stallpersonal aufgehalten und versorgt. In der Regel wird jedoch jeder einzelne Pferdebesitzer für diese Termine verantwortlich sein. Bei kleineren Haltergemeinschaften bietet es sich ebenfalls an, einen Hufschmiede-Tag gemeinsam zu organisieren. Dann hilft ein Kalender mit Terminplan, der im Stall aufgehängt wird, plus eine Kreidetafel, auf der aktuelle Termine für alle zur Erinnerung vermerkt werden. Aber egal welche Variante für Sie in Frage kommt, Sie sollten alle diese Termine so in Ihren Jahres- bzw. Monatsablauf integrieren können, dass unnützes Warten im Stall nicht vor-

Kosten Hufschmied*

1 x Umbeschlagen	60 bis 80 €
Ausschneiden	15 bis 30 €
Beschlag mit neuen Eisen	75 € und mehr
Orthopädischer Beschlag	individuelle Preise
Kunststoff-Beschlag	90 € und aufwärts
Vorne Alu / hinten Eisen	90 € und aufwärts

* Die Preise können regional unterschiedlich sein.

Jeder Hufschmied freut sich über Pferdebesitzer, die ihre Termine frühzeitig mit ihm absprechen.

kommt. Nicht nur Ihr Pferd wird es Ihnen danken, auch Tierarzt und Hufschmied freuen sich über Pferdebesitzer, die rechtzeitig anrufen und diese Termine im Griff haben.

Wartungsarbeiten am Stall

Neben regelmäßigem Entwurmen, den notwendigen Impfungen und den Terminen mit dem Hufschmied gibt es im Laufe eines Jahres noch weitere Dinge, die ein Pferdebesitzer bzw. Reiter berücksichtigen und einplanen muss. Das Frühjahr bietet sich nicht nur für den berühmt-berüchtigten Frühjahrsputz in Haus oder Wohnung an, auch der Stall kann eine »Runderneuerung« vertragen. Für einen Stallbesitzer heißt das, sämtliche Gebäude bzw. Gebäudeteile auf mögliche Schäden hin zu untersuchen, die nach einem Winter mit Schnee, Eis und Schmuddelwetter auftreten können. Eine gründliche mechanische Reinigung mittels Hochdruckreiniger ist im Innenbereich angebracht, wenn die Tage länger werden und sämtliche Pferde auf der Koppel bleiben können. Insbesondere nach schweren Infektionskrankheiten empfiehlt sich eine Desinfektion mit entsprechenden Lösungsmitteln. Diese Maßnahme sollte jedoch nur in Absprache mit dem Tierarzt erfolgen.

Arbeitspyramide für das Frühjahr

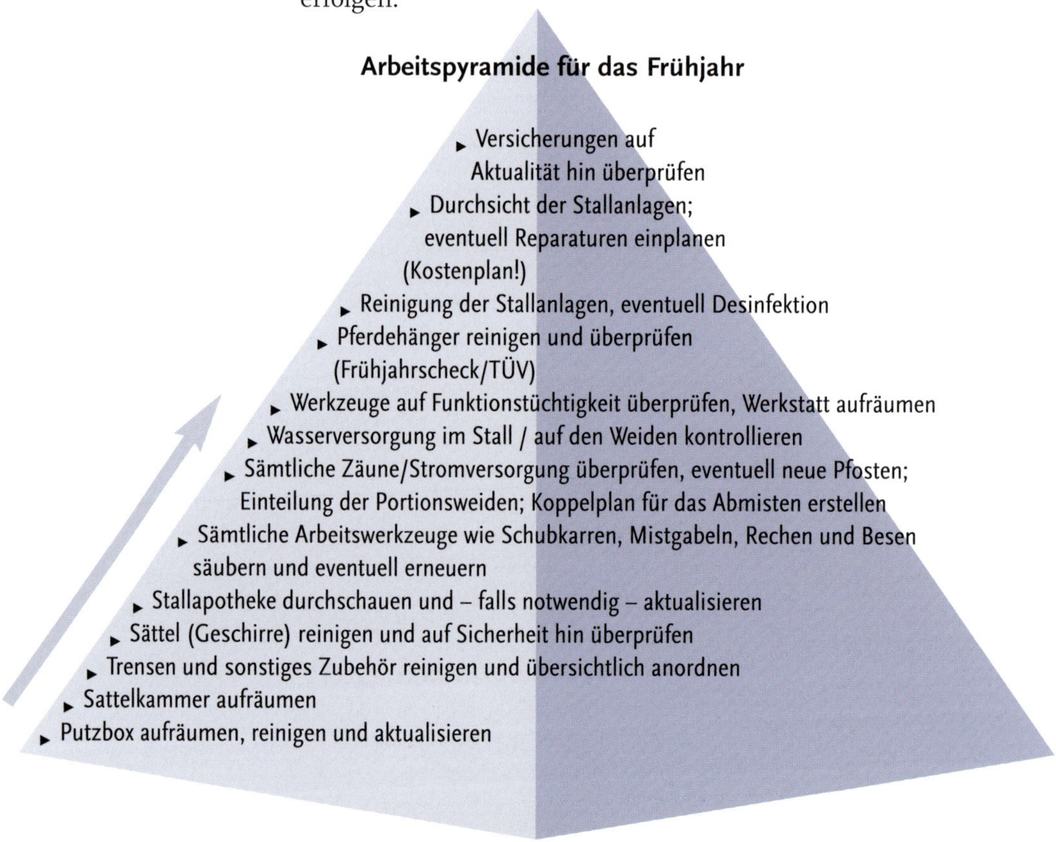

Termine und Arbeiten rund ums Jahr

Jahreswechsel:

- [ ] Große und kleine Kalender für den Stall und zu Hause besorgen
- [ ] Durchsicht/Reparaturen am Stall innen und außen
- [ ] Impftermine für das Jahr überprüfen
- [ ] Termine Hufschmied rechtzeitig anmelden

Mitte April:

- [ ] erstes Entwurmen
- [ ] Sattelkammer aufräumen
- [ ] Sättel/Trensen usw. überprüfen/putzen
- [ ] Stallapotheke aktualisieren
- [ ] Frühlingscheck für den Pferdeanhänger
- [ ] mechanische Reinigung der Stallungen

Juli/August:

- [ ] zweites Entwurmen

November/Dezember:

- [ ] Pferdehänger sichern vor der Winterpause
- [ ] drittes Entwurmen

Die hier links dargestellte Arbeitspyramide zeigt eine Schematisierung der wichtigsten Arbeiten, die im Frühjahr zu erledigen sind. An der Basis stehen die Arbeiten, die in jedem Stall erledigt werden müssen. So ist es beispielsweise überall zwingend notwendig, die Stallapotheke jährlich zu überprüfen. Andere Arbeiten, hier in der Pyramide weiter oben aufgelistet, sind eventuell nur für größere Betriebe mit vielen Pferden notwendig.

▸ **TIPP**

▸ **Telefonliste**

Eine aktuelle Telefonliste mit sämtlichen Privat- und Geschäftsnummern der Einsteller sowie die Telefonnummern der entsprechenden Tierärzte und Hufschmiede ersparen viel Zeit im Notfall. Hinterlassen Sie auch immer eine Telefonnummer bzw. Adresse während Ihres Urlaubs!

Pflege des Sattelzeugs

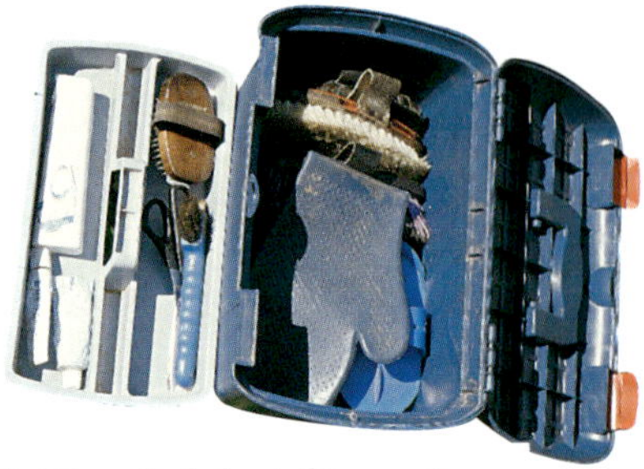

Auch das Aufräumen der Putzbox muss immer wieder eingeplant werden.

Die ersten warmen Tage nutzen alle Reiter und Pferdebesitzer, um Sättel und Trensen einer kritischen Durchsicht und Reinigung zu unterziehen. Leder ist ein lebendiger Werkstoff, der seine Zweckmäßigkeit nur entfalten kann, wenn er gepflegt wird. Nicht gepflegte Lederteile werden brüchig, und das kann zum Beispiel bei einem Steigbügelriemen oder einem Sattelgurt fatale Folgen haben. Frühjahrsputz in der Sattelkammer heißt nicht nur, diese von Spinnweben zu befreien, sondern auch von Dingen, die sich aus unerfindlichen Gründen dort angesammelt haben und – bei Licht betrachtet – nicht mehr gebraucht werden. Da gibt es nur drei Möglichkeiten: wegwerfen, verschenken oder der nächste Pferdeflohmarkt. Auch die Stallapotheke muss immer wieder auf den neuesten Stand gebracht werden.

Die Pflege des Sattels und der Trensen bewahrt den Reiter vor unliebsamen Überraschungen.

Der Pferdehänger

Mobilität wird heutzutage groß geschrieben und so nennen viele Pferdebesitzer auch einen Pferdehänger ihr Eigen. Viele dieser Fahrzeuge verbringen die Winterzeit im Freien und sind somit allen Wetterunbilden schutzlos ausgeliefert. Das hinterlässt Spuren. Aber auch für Hänger, die unter einem Dach stehen, ist – neben dem zweijährlichen Termin beim TÜV – eine Generaldurchsicht vor jeder Saison sehr empfehlenswert. Prüfen Sie immer wieder den Hängerboden. Grausame Unfälle, bei denen Pferde während der Fahrt durch einen morschen Boden brechen, sind leider gar nicht so selten.

Merkwürdigerweise werden alle diese wichtigen Dinge und Termine, die von der Planung her die wenigste Zeit beanspruchen, häufig vernachlässigt. Doch gerade die rechtzeitige Terminierung und sinnvolle Integration in den Jahresablauf erspart viel Zeit und Ärger. Halten Sie sich immer vor Augen, dass die angesprochenen Termine in erster Linie die Gesundheit unseres vierbeinigen Freizeitpartners betreffen. Das sollte uns Mühe und Nachdenken wert sein.

Planen Sie die Termine für TÜV und Sicherheitscheck von Hänger und Zugfahrzeug immer rechtzeitig ein.

Fortgeschrittene Reiter mit guter Zeiteinteilung können sich auch an neue Reitweisen wagen.

▸ Der Weg zum eigenen Pferd

Der Kauf eines Pferdes sollte eine wohlüberlegte Aktion sein, denn es ist eine Entscheidung für ein ganzes (Pferde-)Leben. Erinnern Sie sich an die Fragen aus dem ersten Kapitel? Haben Sie Ihre ganz persönliche Wunschliste vor sich? Bevor Sie allerdings die einschlägigen Pferdezeitschriften mit den Verkaufsanzeigen durchstöbern, analysieren Sie Ihre reiterlichen Fähigkeiten und Ihre Kenntnisse über Pferdehaltung sehr nüchtern und realistisch. Wenn Sie reiterlich am Anfang stehen, kommt ein Pferd mit geringer bis gar keiner Ausbildung ebenso wie ein Pferd mit einer Spezialausbildung nicht in Frage. Den häufig zu hörenden Ausspruch »Dann lernt ihr beiden (Pferd und Reiter) eben alles zusammen!« zähle ich zu den reichlich vorhandenen Pferdelegenden. Er wurde sicherlich von pfiffigen Verkäufern und Pferdehändlern erfunden.

Das junge Pferd

Leider fallen jedes Jahr viele Menschen der Versuchung zum Opfer, ohne ausreichende Fachkenntnisse ein junges Pferd zu kaufen. Dabei spielt der Blick in den Geldbeutel oft eine entscheidende Rolle. Tatsächlich stellt jedoch der Kauf eines jungen Pferdes eine klassische Kostenfalle dar, auch »Milchmädchenrechnung« genannt. Sicher ist ein junges Pferd in der Anschaffung preiswerter als ein älteres Pferd. Zwischen diesen beiden Tieren stehen aber auch ein paar Jahre Pflege, Fütterung und Ausbildung. Und je besser Ausbildung und Pflege waren, desto teurer wird das Pferd auch sein. Was in der Umkehrung allerdings nicht heißt, dass jedes teure Pferd eine Spitzenausbildung hatte. Weiterhin bedeutet die Anschaffung eines jungen Pferdes immer auch ein großes Risiko, denn man kauft ja sozusagen »die Katze im Sack“ und weiß nicht, welchen Charakter und welche Reiteigenschaften das Pferd später entwickeln wird.

Die Pferderasse

Auch die Zusammenhänge zwischen einer bestimmten Pferderasse und deren Verwendungszweck sollten Sie kennen. Wenn Sie ein sportlicher Typ sind und Sie die Vorstellung reizt, mit Ihrem Pferd am Wochenende lange Ausritte zu unternehmen, vielleicht sogar mal an einem offiziellen Distanzritt teilzunehmen, dann müssen Sie auch unter der Woche ein entsprechendes Training einkalkulieren. Sehr häufig sieht man in diesen Wettbewerben Araber oder andere, hoch im Blut stehende Pferde. Diese Rassen wurden für die Langstrecke gezüchtet. Das heißt für den Reiter wiederum, dass ein solches Pferd bei nur gelegentlichen Reiteinsätzen unterfordert ist und sich langweilt. Häufig unterschätzt wird in Freizeitreiterkreisen die gesundheitliche Gefahr, die davon ausgeht, wenn ein Pferd während der Woche nur wenig bis gar nicht geritten wird, am Wochenende dafür lange Strecken bewältigen muss.

Für ein Hobby wie das Distanzreiten wird häufig die ganze Freizeit investiert.

Erkundigen Sie sich nach den Ausbildungsmöglichkeiten in Ihrer Nähe, bevor Sie sich für eine bestimmte Reitweise entscheiden.

Reiten auf höchstem Niveau mit Barockpferden.

Die Reitweise

Nicht viel anders verhält es sich mit Reitweisen, die sich erst in den letzten Jahren in der allgemeinen Reiterlandschaft etabliert haben. Nehmen wir als Beispiel das Westernreiten. Diese Reitweise, die ursprünglich aus den Arbeitsanforderungen des Cowboys im amerikanischen Westen heraus entstanden ist, erfreut sich nach wie vor wachsender Beliebtheit. Ziel dieser Reitweise ist es, ein Pferd mit Gewichtsverlagerung und wenigen Impulsen einhändig am losen Zügel zu kontrollieren. Dieser »loose rein«, wie es in der Fachsprache heißt, hat nichts mit einem »weggeworfenen« Zügel zu tun. Bis ein Pferd ein ausgebildetes Westernpferd ist, vergehen ebenfalls ein paar Jahre des Trainings und der Ausbildung. Sollten Sie keinen qualifizierten Westernreitstall in Ihrer Nachbarschaft haben, erfordert dies von Ihnen erhöhte Flexibilität und Mobilität. Ohne einen Pferdeanhänger und entsprechendes Zugfahrzeug werden Sie nicht zu Ihrem Trainingsstall kommen, von dem zeitlichen Aufwand mal gar nicht zu reden. Ähnlich verhält es sich mit anderen Reitweisen, die optisch sehr ansprechend sind. Dabei denke ich in erster Linie an die iberische Reitweise oder das Reiten im Barockstil. Was jedoch auf einer Ausstellung so unglaublich leicht und harmonisch aussieht, ist in Wirklichkeit Reiten auf höchstem Niveau und erfordert ein sehr gut ausgebildetes Pferd und einen Reiter mit sehr viel Talent und Engagement.

Vielleicht sind Ihre Ansprüche ja aber gar nicht so hoch angesiedelt und Sie sind mit dem reiterlichen Angebot in Ihrer Nähe voll und ganz zufrieden. Dann sollten Sie dennoch Eines bedenken: Wenn ein Reiter sich passiv auf der durchhängenden Wirbelsäule seines Pferdes durch die Gegend transportieren lässt, ist der gesundheitliche Schaden dieses Pferdes vorprogrammiert. Auch ein Freizeitpferd benötigt ein Mindestmaß an Ausbildung. Wie alle anderen Reitpferde auch, braucht es eine ausreichend gymnastizierte Rückenmuskulatur, um ein Reitergewicht ein ganzes Pferdeleben lang tragen zu können. Dabei spielt es eine untergeordnete Rolle, für welche Reitweise oder welche Pferderasse Sie sich entschieden haben. Wichtig ist vor allem Ihr Verantwortungsbewusstsein und das damit einhergehende Wissen um die Bedürfnisse Ihres Pferdes.

Mulis als Freizeitpartner zählen zu den außergewöhnlichen Alternativen in der Reiterszene.

▸ Der Zeitaufwand fürs eigene Pferd

Erfahrungsgemäß überschaut ein Reitanfänger noch nicht die Verantwortung und den zu erwartenden Zeitaufwand, der mit dem Besitz eines Pferdes einhergeht. Fassen wir noch einmal zusammen: Als Anfänger nehmen Sie ein- bis zweimal in der Woche am Reitunterricht teil. Damit stellen Sie sicher, dass Sie sich innerhalb eines gewissen Zeitraumes ein gutes Grundwissen über Pferde und Reiten zulegen. Es spielt dabei keine Rolle, ob Sie dies in einem Reitverein oder in einem Privatstall tun. Entscheidend ist die Qualifikation der Pferde und der Ausbilder. Ihr persönlicher Zeiteinsatz bleibt auf jeden Fall überschaubar.

Wenn zwei sich ein Pferd teilen: die Reitpartnerschaft.

Die Reitbeteiligung

Bei einer Reitbeteiligung, rechtlich als »Reitpartnerschaft« bezeichnet, erhöht sich der wöchentliche zeitliche Aufwand, wenn die Unterbringung des Pferdes Tätigkeiten wie Misten, Futterzubereitung und Weidepflege mit einschließt. Trotzdem liegen die Vorteile einer Reitbeteiligung auf der Hand: Sie verabreden die »Nutzung« des Pferdes beispielsweise an zwei oder drei Tagen, die restlichen Tage sind »pferdefrei«. Auch für den Besitzer des Pferdes hat diese Regelung die bereits angesprochenen Vorteile. Inwieweit sich eine Reitbeteiligung an den laufenden Kosten für das Pferd beteiligt, muss individuell abgesprochen werden.

Bei einer Pferdehaftpflichtversicherung ist zum Beispiel nur das so genannte Gastreiter-Risiko mitversichert (rein private Nutzung, d. h. Zur-Verfügung-Stellung des Pferdes an Dritte ohne Entgelt). Unfall- und Krankenversicherungen haben ebenfalls ihre ganz eigene Sicht der Dinge. Informieren Sie sich sehr genau; denn »Unwissenheit schützt vor Strafe nicht!«

Das reiterliche Niveau der »Reitpartner« ist ein weiterer wichtiger Punkt. Im günstigsten Fall befinden sich beide auf einem ähnlichen Level, in puncto Zielsetzung und Anspruch besteht weitestgehend Übereinstimmung. Ansonsten ist der menschliche Konflikt vorprogrammiert, Leidtragender ist dann in erster Linie das Pferd. Des Weiteren herrscht Einigkeit bei der Vertretung im Urlaubs- oder Krankheitsfall bzw. bei der Verwendung des Pferdes für Kurse, Turniere oder andere Wettbewerbe (siehe Reitpartnerschafts-Vertrag).

Verträge schützen nicht vor Konflikten; sie klären jedoch die Vorstellungen der gemeinsamen Nutzung im Vorfeld ab.

Bis jetzt habe ich nur zwei Personen angenommen, die eine Reitpartnerschaft eingehen. Tatsächlich gibt es auch Fälle, in denen sich mehrere Personen ein Pferd »teilen«. Häufig stehen dabei nicht nur die Probleme des Zeitaufwandes, sondern auch die Kosten für dieses Hobby dermaßen im Vordergrund, dass die Bedürfnisse des Pferdes garantiert auf der Strecke bleiben. Ohnehin stellt sich bei einer Reitpartnerschaft die Frage: »Wie verkraftet mein Pferd einen Reiterwechsel?« Es gibt Pferdetypen, denen ein Wechsel manch-

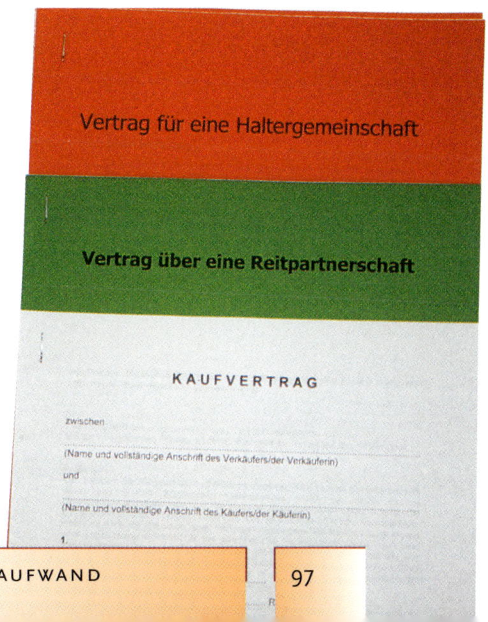

▸ **PROFI·TIPP**

▸ Stress

Ein arbeitsreicher Tag muss noch lange keinen Stress bedeuten. Im Gegenteil: Eine gut gelöste, schwierige Aufgabe wird Befriedigung und sogar ein Gefühl der Erholung bringen. Denn Stress kommt nicht von den Dingen, die wir erledigt haben, sondern von dem, was wir **nicht** bewältigt haben. Stress ist beispielsweise auch ein schlechtes Gewissen.

mal durchaus gut tut, aber selbstverständlich gibt es auch die sensiblen Naturen, bei denen es nicht so gut funktioniert. Insbesondere bei jungen Pferden, deren Ausbildungsstand und damit Charakter und Temperament sich als noch sehr unausgeglichen herausstellt, ist eine derartige Nutzung gut zu überdenken.

Irgendwann in einem Reiterleben ist allerdings der Punkt gekommen, an dem eine Reitbeteiligung, die wöchentlich anberaumten Reitstunden oder ein jährlich stattfindender Intensivkurs nicht mehr befriedigen. Unser Reiter möchte »sein« Pferd nicht mehr teilen, die Ansprüche sind mit fortschreitender Reitpraxis gestiegen. Er (oder sie) möchte öfter an einem Turnier oder an anderen reiterlichen Wettbewerben teilnehmen. Die Angebote im örtlichen Reitverein sind vielfältig, doch unser Reiter sehnt sich nach mehr Eigenständigkeit. Damit der persönliche Zeitaufwand überschaubar bleibt, ist die Art der Unterbringung seines Pferdes von allerhöchster Wichtigkeit. Nur wenn gewährleistet ist, dass ein Pferd seine individuellen Bedürfnisse nach Bewegung – möglichst mit Artgenossen – nach Luft und Licht befriedigen kann, des Weiteren eine fachkundige Betreuung gewährleistet ist, kann der Besitzer und Reiter seinen täglichen und wöchentlichen Zeitaufwand im Voraus einschätzen.

Ein paar Worte zur Rechtslage

Ohne dieses »Rundum-sorglos-Paket«, das als Dienstleistung seitens des Stallbetreibers entsprechend entlohnt werden muss, ist ein Pferdebesitzer wesentlich mehr in die Pflicht genommen. Dann müssen Sie für die täglich anfallenden Arbeiten plus Reiten etwa zwei bis drei Stunden pro Tag rechnen. Bei dieser knappen Kalkulation gehe ich von einem durchorganisierten Arbeitsablauf aus unter Ausschluss von irgendwelchen Störungen seitens Dritter. Extraarbeiten wie Weide abäpfeln oder Mithilfe bei der Heu- und Strohernte sind nicht mit eingerechnet. Dieser doch erhebliche Zeitaufwand führt in kleineren Privatställen oft zur Bildung von Haltergemeinschaften. Mehrere Personen – Pferdebesitzer und Reitbeteiligungen – teilen sich hier den Arbeitsaufwand pro Woche zu gleichen Teilen auf.

Die Idee der Arbeitsteilung funktioniert in der Theorie immer, in der Praxis ist sie häufig der Auslöser für zwischenmenschliche Konflikte. Jeder kennt das: Es gibt die Zeitgenossen, die ohne Murren Besen, Schaufel und Mistkarren in die Hand nehmen, und andere, die der Arbeit gerne aus dem Weg gehen und alle Ausreden der Welt parat haben. Auch da helfen nur klare Abmachungen mittels eines »Vertrages für eine Halterge-

Eine Pferdehaltung mit dem »Rundum-sorglos-Paket« macht nicht nur die Pferde glücklich, sie beschert den Besitzern ein Plus auf ihrem Zeitkonto.

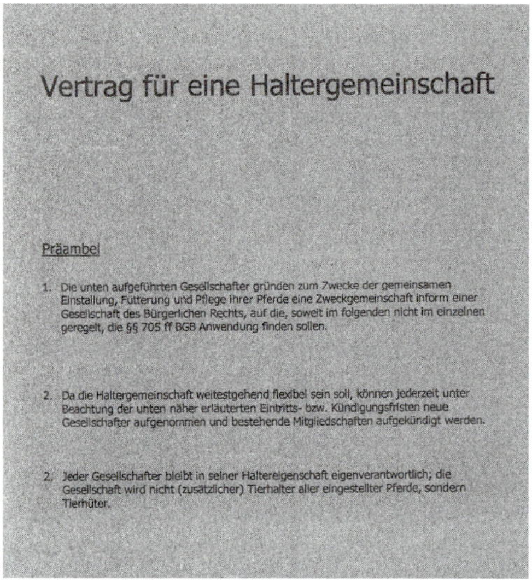

Vertrag für eine Haltergemeinschaft

Präambel

1. Die unten aufgeführten Gesellschafter gründen zum Zwecke der gemeinsamen Einstallung, Fütterung und Pflege ihrer Pferde eine Zweckgemeinschaft inform einer Gesellschaft des Bürgerlichen Rechts, auf die, soweit im folgenden nicht im einzelnen geregelt, die §§ 705 ff BGB Anwendung finden sollen.

2. Da die Haltergemeinschaft weitestgehend flexibel sein soll, können jederzeit unter Beachtung der unten näher erläuterten Eintritts- bzw. Kündigungsfristen neue Gesellschafter aufgenommen und bestehende Mitgliedschaften aufgekündigt werden.

2. Jeder Gesellschafter bleibt in seiner Haltereigenschaft eigenverantwortlich; die Gesellschaft wird nicht (zusätzlicher) Tierhalter aller eingestellter Pferde, sondern Tierhüter.

In einer Haltergemeinschaft sollten alle Rechte und Pflichten genau geregelt werden, sonst drohen Konflikte, die auf Kosten der Pferde gehen.

Werden Kinder in eine artgerechte Pferdehaltung mit einbezogen, lernen sie, Verantwortung für ein anderes Lebewesen zu übernehmen.

meinschaft«. Zum Zwecke der gemeinsamen Einstallung, Fütterung und Pflege gründen die beteiligten Personen (im Vertrag »Gesellschafter« genannt) eine Zweckgemeinschaft in Form einer Gesellschaft des bürgerlichen Rechts. Probezeiten und Kündigungsfristen sind in dem Vertrag genauso geregelt wie die Gesundheitsvorsorge, die Arbeitsleistung jedes Einzelnen und die Haftung.

Wer sich immer noch nicht abschrecken lässt und »wild« entschlossen ist, ein Pferd zu kaufen, der muss sich im Vorfeld über die verschiedenen Rechte und Pflichten, aber auch Regularien informieren, die bei einem Pferdekauf auf ihn zukommen. Ist Ihr Traumpferd zum Beispiel ein »Mix« ohne Papiere, reichen ein Kaufvertrag (als Vordruck z. B. beim fs-Verlag erhältlich; siehe Service-Teil) und der – möglichst lückenlose – Impfnachweis. Auf Grund der überarbeiteten Transportbedingungen von Vieh in der europäischen Gemeinschaft gehört seit ein paar Jahren zu jedem Pferd ein Equidenpass. Bei Pferden einer eingetragenen Rasse – insbesondere bei ausländischen Rassen – kommen diverse andere Papiere dazu, die nach einem Kauf auf den neuen Besitzer übergehen. Erkundigen Sie sich bei den entsprechenden Zuchtverbänden.

Pferdebesitzer bzw. solche, die es erst noch werden wollen, finden heutzutage eine große Angebotspalette an verschiedenartigsten Ställen, Pferderassen und Reitweisen. Nur derjenige, der seine zeitlichen und finanziellen Möglichkeiten sehr realistisch einschätzt und dann

Kauf, Unterbringung und Ausbildung eines Pferdes konsequent durchplant, hat am Ende einen Traum verwirklicht. Allen anderen sei von diesem zeitaufwändigen und kostenintensiven Hobby abgeraten.

▸ Was kommt in der Praxis auf Sie zu?

Der teure Pensionsstall

Wer das Buch bis hierher gelesen und das eine oder andere Zeit- bzw. Kostenprotokoll für sich erstellt hat, dem ist eines mit Sicherheit klar geworden: »Zeit ist Geld!« Darum kostet ein Reitstall mit Vollpension und ausreichender sportlicher Infrastruktur – ungefähr – 275 bis 400 Euro pro Monat. Dazu kommen noch die Kosten für Hufschmied, Tierarzt und Reitstunden. Eventuell sind noch Aufwendungen für einen Pferdehänger zu berücksichtigen, der wiederum ein entsprechendes Zugfahrzeug, sprich ein größeres Auto, benötigt, oder die Mehrkosten für Spezialausrüstung und Ausbildung bei der Ausübung einer besonderen Reitweise.

Die FN (Deutsche Reiterliche Vereinigung) hat ein Prüfsiegel für die ihr angeschlossenen Betriebe entwickelt.

Wer sich im Hinblick auf die Kosten keine Beschränkung auferlegen muss, hat dann lediglich die Qual der Wahl im Hinblick auf den passenden Stall. Aber auch für diesen Personenkreis heißt es: Kluges Zeitmanagement schafft mehr Freiraum. Denn wenn Sie immer »auf den letzten Drücker« zum Stall hetzen, ist etwas nicht in Ordnung. Berücksichtigen Sie gewisse Pufferzeiten, um vor einer Reitstunde zur Ruhe und in einen gewissen Entspannungszustand zu kommen. Nutzen Sie die Zeit, in der Sie Ihr Pferd putzen, um eine harmonische Beziehung aufzubauen. Damit sind nicht die »Leckerlis« gemeint, die es heutzutage in allen Geschmacksrichtungen zu kaufen gibt. Es geht vielmehr um eine innere Einstellung, um den inneren Schalter, der von Hektik und Stress auf Ruhe und Entspannung umgelegt werden muss.

Preiswertere Unterbringungsmöglichkeiten

In den letzten Jahren kam es zu einem regelrechten »Boom« an Stallneu- oder -umbauten, durchgeführt von Landwirten, die sich davon eine neue Existenz erhofften. Auf diesen landwirtschaftlichen Anwesen werden Boxen oder Offenstallplätze vermietet, Heu, Stroh und Weideflächen stehen zur Verfügung. Alle anfallenden Arbeiten müssen von den Pferdebesitzern meist selbst organisiert und erledigt werden. Da dies häufig zu einem moderaten Preis angeboten wird, erlebt diese Form der Pferdehaltung einen regen Zulauf. Wie bereits angesprochen, steht der finanzielle Aspekt bei den Interessenten häufig sehr stark im Vordergrund. Jeder Euro, der bei dieser Haltung »eingespart« wird, muss mit Arbeit und demzufolge mit Zeitaufwand »zurückgezahlt« werden.

Sollten Sie zu diesem Personenkreis gehören und kommen – pro Woche gerechnet – sehr wenig zum Reiten, dann haben Sie Ihren Arbeits- und damit Zeitaufwand unterschätzt. Wenn Sie schon etwas geübt sind im Erstellen von Zeitprotokollen, wird Ihnen die folgende Übung keine Schwierigkeiten bereiten: Setzen Sie sich mit Papier und Bleistift zu Hause hin und schreiben Sie alle Tätigkeiten auf, die Sie zur Versorgung Ihres Pferdes benötigen. Unterschlagen Sie keine noch so unwichtig erscheinende Verrichtung. Wie so oft, steckt der Teufel im Detail. Zur besseren Übersicht erstellen Sie einen Tages- und einen Wochenplan; denn nicht alle Arbeiten müssen unbedingt jeden Tag erledigt werden. Ebenso kann ein Sommer- und ein Winterplan interessant sein. Dann schreiten Sie zur Praxis: Sie stoppen für jede dieser Tätigkeiten Ihre persönliche Zeit!

Eine Pferdehaltung mit preiswerten Alltagslösungen kann – bei entsprechendem Zeitaufwand – eine durchaus zufriedenstellende Sache sein.

Beispiel für einen Tagesplan

	Minuten
☐ Fahrt zum/vom Stall	
☐ Pferde füttern	
☐ Evtl. währenddessen Koppel öffnen, Wasser kontrollieren	
☐ Pferde auf die Koppel (Sommer) bringen	
☐ Pferde in einen Auslauf (Winter) bringen	
☐ Box ausmisten / einstreuen	
☐ Auslauf abmisten	
☐ Kraftfutterportionen zubereiten	
☐ Raufutter bereithalten (je nach Jahreszeit)	
☐ Heunetze stopfen (je nach Jahreszeit)	
☐ Heu nass machen (vorzugsweise im Winter)	
☐ Pferde von der Koppel (Sommer) holen	
☐ Pferde vom Auslauf (Winter) holen	
☐ Pferde füttern	
☐ Fegen und Aufräumen	

Teilen Sie die Arbeiten auf, machen Sie bei dieser Aufstellung zwei oder drei Spalten, je nachdem ob Sie diese für Ihr Pferd unmittelbar notwendigen Arbeiten morgens, mittags oder abends erledigen können. Nach einem Tagesplan kommt der Wochenplan:

Bei der zeitaufwendigen Heutrocknung auf einer Reute erhalten Sie Futter von höchster Qualität.

Beispiel für einen Wochenplan

	Minuten
☐ Koppel abmisten (Sommer)	
☐ Heu-/Strohlager auffüllen (Sommer)	
☐ Raufutter bereithalten (Winter)	
☐ Kraftfutter/Sonstiges besorgen	
☐ Außenanlagen fegen (Sommer)	
☐ Zäune kontrollieren (Sommer)	
☐ Geilstellen ausmähen (Sommer)	

Ergänzen oder streichen Sie diese Angaben nach Ihren persönlichen Anforderungen. Manchmal bekommt man auch bei einem Bauern bestimmte Dienstleistungen, die zwar entsprechend entlohnt werden müssen, die Sie auf der anderen Seite jedoch zeitlich entlasten würden. Die rustikale Variante, bei der Pferdebesitzer die meisten Arbeiten selbst organisieren und erledigen müssen, eignet sich nur entweder für Leute, die sehr frei über ihre Zeit verfügen können oder dort, wo die notwendigen Tätigkeiten auf eine größere Anzahl »Schultern« verteilt werden können. Das geht dann schon in Richtung Haltergemeinschaft und sollte mit einer Art von »Dienstplan« geregelt werden. Mit diesem Plan ist eine Wocheneinteilung aller beteiligten Personen gemeint. Zuvor sollten sich die Pferdebesitzer bzw. Reitbeteiligungen jedoch zusammensetzen, um zuallererst einen Tages-Stundenplan zu erstellen. Dabei geht es in erster Linie um die Arbeiten, die unmittelbar mit der Versorgung der eingestellten Pferde zu tun haben. Danach notieren Sie die Arbeiten, die nicht jeden Tag dringend notwendig sind, aber innerhalb einer Woche erledigt werden müssen. Schreiben Sie alles detailliert auf. Nachdem Sie sich eine Übersicht verschafft haben, geht es an das Verteilen dieser Arbeiten.

Arbeitsverteilung im Stall

- [ ] Wer kann morgens, mittags und/oder abends kommen?
- [ ] Wer mistet die Boxen?
- [ ] Wer bringt die Pferde hinein/hinaus?
- [ ] Wer füttert und wer bereitet Futterportionen für den nächsten Tag vor?
- [ ] Wer holt und stapelt die Wochenration Heu- bzw. Strohballen?

Und so weiter und so fort ...

In Betrieben mit einer großen Anzahl von Pferden bleibt nur die Heugewinnung mit Maschinen; dabei wird ein Qualitätsverlust manchmal in Kauf genommen.

PROFI·TIPP

Perfektionismus vermeiden: Das Pareto-Prinzip

Sie müssen ja nicht schlampig werden, nur einfach nicht 100%ig sein. Der italienische Ökonom Vilfredo Pareto fand heraus, dass oft bereits 20% der strategisch richtig eingesetzten Zeit und Energie 80% des Ergebnisses erbringen.

Grasmähen mit der Sense will gelernt sein: Bei freier Zeiteinteilung und Privathaltung von wenigen Pferden ist auch das möglich.

Dabei spielt es eine große Rolle, welche Verpflichtungen die in Frage kommenden Personen ansonsten noch haben. Zum einen haben wir da die Berufstätigen, die oft nur ziemlich spät in den Stall kommen können. Insbesondere während der Wintermonate bedeutet das Dunkelheit, und viele Arbeiten können dann nicht mehr oder nur unzureichend erledigt werden. Eventuell gibt es in der Stallgemeinschaft auch jemanden, der eine längere Mittagspause einlegen kann. Vielleicht befinden sich in Ihrer Runde ein paar Schüler oder Studenten, die bei Tageslicht gewisse Arbeiten erledigen können, wie beispielsweise den Auslauf saubermachen. Wer jemals versucht hat, im Dunkeln oder bestenfalls mit einer Taschenlampe bewaffnet Pferdeäpfel zu finden und einzusammeln, der weiß diesen Dienst zu schätzen. Pferdebesitzer mit einer Teilzeitbeschäftigung oder einer Gleitzeitregelung sind in ihrer Zeiteinteilung ebenfalls etwas freier als der »normal« Beschäftigte.

Während der ganzen Diskussion ist es selbstverständlich sehr wichtig, dass sämtliche Arbeiten gerecht auf alle Schultern verteilt werden. Diejenigen, die während der normalen Arbeits-

Ist einmal wenig Zeit vorhanden und Sie haben ohnehin ein älteres Pferd, kann ein gemeinsamer Spaziergang eine schöne Alternative sein.

woche zeitlich stark eingeschränkt sind, müssen am Wochenende ihren »Obulus« in Form einiger Arbeitseinsätze entrichten. Nur wenn diese Dinge angesprochen und geregelt werden, hat die Haltergemeinschaft eine Überlebenschance. Sollten Sie trotzdem immer wieder das Gefühl haben, Sie kommen zu wenig zum Reiten, Sie haben jeden Tag und jede Woche einen Wettlauf mit der Uhr und kommen abends nicht wohlig entspannt, sondern abgehetzt vom Stall nach Hause, dann läuft grundsätzlich etwas falsch. In diesem Fall sollten Sie die Möglichkeit in Betracht ziehen, in einen Stall mit mehr Dienstleistungen seitens des Betreibers umzuziehen. Eine Reithalle, in der man sein Pferd unabhängig von den Jahreszeiten und vom Wetter bewegen kann, »verlängert« Ihre Zeit zum Reiten gerade während des Winters beträchtlich. Auch die Überlegung, sich mit einer Pferderasse oder einer Reitweise zu befassen, die eventuell weniger trainingsintensiv ist, könnte erwogen werden. Wenn jedoch all diese Alternativen ausgeschlossen werden müssen, kann es sein, dass Sie tatsächlich zu den Härtefällen gehören, für die ein derartig zeitintensives Hobby nicht in Frage kommt.

Tipps aus der Praxis für die Praxis

Zum Schluss dieses Buches gibt es noch eine Reihe von praktischen Tipps für den Alltag im Stall und ein paar Ratschläge, die auf meiner langjährigen Praxis in der Bewirtschaftung von Pferdehören beruhen. Tatsächlich lassen sich viele Tricks und Kniffe nicht aus einem Buch lernen. Hier helfen nur einige Lehr- und Wanderjahre durch Ställe verschiedenster Prägung. Und – glauben Sie mir – egal ob »alter Hase« oder Neuling, es gibt immer wieder etwas Neues und Interessantes. Das Leben mit unseren Pferden ist und bleibt spannend. Wenn Sie gelernt haben, sich zu strukturieren, wenn Sie den Stand Ihres Zeitkontos (und den Ihres Kontos auf der Bank) genau kennen, können Sie die Zeit mit Ihrem Pferd unbeschwert genießen. Wenn Sie jedoch merken, dass sich der Kontostand bedenklich ins Minus bewegt, dann müssen Sie nach einer anderen Lösung suchen. Viele Pferde fristen ein trauriges Leben, weil Ihre Besitzer zu wenig Zeit und vermutlich auch zu wenig Geld haben. So weit darf es nicht kommen! Jeder Erwerb oder Besitz eines Pferdes ist eine große Verantwortung, dessen muss sich der Mensch bewusst sein.

Ratschläge für den Alltag

▶ Rund um die Stallarbeit

Im nun folgenden Kapitel habe ich eine Reihe an Praxistipps zusammengestellt, die als Anregung dienen sollen für alle Reiter und Pferdebesitzer. Selbstverständlich erhebe ich keinen Anspruch auf Vollständigkeit. Eines möchte ich noch vorausschicken: Alle Tipps zum Zeitmanagement oder zum rationellen Arbeiten dürfen nicht auf Kosten der Tiere gehen, die sich in unserer Obhut befinden. Pferdeboxen oder ein Offenstall müssen jeden Tag gereinigt werden, daran geht kein Weg vorbei. Pferde brauchen außerdem einen gewissen Rhythmus im Tagesablauf, diesen muss sich der Mensch zu Eigen machen. Genauso wenig darf das Miteinander in der Stallgemeinschaft darunter leiden, wenn Sie alles nur noch unter dem Aspekt des Zeitsparens betrachten

Der Mangel an Zeit darf nicht auf Kosten der Tiere gehen.

Sparen Sie nicht an den richtigen Arbeitswerkzeugen.

und in Zukunft alles mit der Stoppuhr erledigen. Ein gesundes Mittelmaß ist – wie so häufig im Leben – auch in Sachen Zeitmanagement gefragt.

Arbeitswerkzeuge

Fangen wir am besten gleich mit den Arbeitswerkzeugen an: Eigentlich kann man nie genug davon haben. Besen, Schaufeln, Mistgabeln und Mistkarren sollten für alle Personen an mehreren, strategisch wichtigen Punkten des Stalles und im Außenbereich in ausreichender Anzahl und Menge zugänglich sein.

▸ Qualitätswerkzeuge haben zwar ihren Preis, sparen Sie aber möglichst nicht daran. Ein preiswerter Mistkarren mit einem geringen Füllvolumen mag für einen kleinen Garten ausreichend sein, im täglichen harten Arbeitseinsatz in einem Stall wird er bald das Zeitliche segnen; dann ist der Preisvorteil dahin. Außerdem spielt es eine Rolle, ob Sie mit dem kleinen Karren drei Mal zum Misthaufen laufen oder nur ein einziges Mal mit einem großen Schubkarren.

▸ Stabile Mistgabeln und breite Alu-Schaufeln sind in der Anschaffung ebenfalls nicht billig, halten in aller Regel aber länger und sind für einen reibungslosen Arbeitsablauf unentbehrlich. Ein gewisses Sortiment an Besen sollte immer schnell zur Hand sein. Der Mistboy ist mittlerweile aus dem Pferdealltag nicht mehr wegzudenken. Erweitert mit einem kleinen Rechen (inkl. langem

Ein großer Schubkarren mit Kippvorrichtung spart Zeit und schont den Rücken.

Ein Allrounder: der Mistboy.

Heutauchen mit Heunetzen ist eine Möglichkeit, Pferde mit Stauballergie zu versorgen; es ist jedoch sehr zeitaufwändig.

Für einzelne Pferde hat sich diese Lösung bewährt.

Griff) aus dem Gartencenter ist dieses Gerät eine »Allzweckwaffe« geworden.

▸ Auch wenn ich mir den Zorn des Pferdefachhandels zuziehe: Preisvergleiche lohnen immer! Der Landhandel und der bereits erwähnte Gartenfachmarkt sind interessante Alternativen und ab und an einen Abstecher wert. Sogar einige Discounter bieten hin und wieder preiswertes Gartenzubehör (zum Beispiel Laubrechen) an, die in einem Stall gute Dienste leisten können.

Heutauchen

▸ Das Verfüttern von nassem Heu ist nötig bei Pferden mit einer Heustauballergie. Üblicherweise benutzt man dazu ein Heunetz, das in einen Wasserkübel getaucht wird. Anschließend hängt man das volle Netz auf, damit das Wasser abtropfen kann. Diese zeitraubende Tätigkeit hat eine Pferdebesitzerin pfiffig gelöst: ein kleiner, robuster Plastikschubkarren aus dem Baumarkt ist zum Futterkuli aufgestiegen. Das Wasser lässt sich gut abkippen, die breiten Räder erlauben ein Rangieren auch in unwegsamem Gelände und ein Pferd kann bequem daraus fressen. Für den Einsatz im Offenstall ist diese Methode weniger geeignet.

Neue Wege und Wirtschaftsräume

▸ Neben einer ausreichenden Anzahl an Arbeitsgeräten spielen die Wege, die für eine Tätigkeit jeden Tag im Stall zurückgelegt werden müssen, eine große Rolle bei der Zeitersparnis. Bei der Wahl eines Stalles werden diese Dinge relativ selten berücksichtigt, erst im täglichen Leben erweisen sich schlecht durchdachte Konzeptionen als Zeitfresser. Setzen Sie sich mit Ihren Stallkollegen/-kolleginnen und dem Stalleigentümer zusammen und erarbeiten Sie neue Lösungen. Vielleicht bringt ein Tor an einem bestimmten (Schnitt-)Punkt große Erleichterung. Weitere Anbindeplätze unter einem Vordach mit Beleuchtung entzerren die abendliche »rush hour«. Eine bisher wenig genutzte Abstellkammer lässt sich als kleine Sattel- oder Futterkammer herrichten und bringt dann für einen Teil der Einsteller kürzere Arbeitswege. Nehmen Sie auch hier Papier und Bleistift zur Hand und zeichnen Sie Stall und Außenbereich mit allen Arbeitswegen auf. Ganz ohne bauliche Veränderungen wird es nicht gehen, aber mit ein wenig gutem Willen und Fantasie lässt sich doch einiges erreichen.

Kurze Wege zwischen Stall (mit Paddocks), Reithalle und Pferdeführanlage.

Pfiffig – weil zeitsparend – sind Schlupftore.

Schlupftore

Neben mehreren Toren konventioneller Bauart und genügend breiten Zaundurchlässen (damit auch ein Traktor durchkommt) sind Schlupftore eine ausgesprochen praktische Erfindung. Dieser schmale Durchlass in einem Zaun reicht für einen Menschen, jedoch nicht für neugierige und abenteuerlustige Pferde. Schlupftore haben sich sowohl in Laufställen als auch in herkömmlichen Ställen bewährt.

Ausmisten des Offenstalls

Neugierige Pferde strahlen zwar einen gewissen Charme aus, bei der Arbeit stören sie allerdings. Sperren Sie die Pferde aus, während Sie den Innenbereich ausmisten und das Futter herrichten. Anschließend können Sie in Ruhe den Auslauf reinigen, während Ihre Pferde schon mal einen Happen Abendheu bzw.

Legen Sie sich vor der Arbeit alle Arbeitsgeräte und -materialien zurecht.

Kraftfutter zu sich nehmen. Im Winter ergeben sich durchaus andere Prioritäten wegen fehlender Beleuchtung. Aber auch in dieser Jahreszeit heißt die Devise: Gehen Sie keinen Weg zweimal, legen Sie sich gleich alle Arbeitsgeräte zurecht, die Sie brauchen. Kurz gesagt: Optimieren Sie Ihre Arbeitsabläufe.

Selbsttränken auf der Weide sind eine optimale Lösung.

Die Wasserversorgung

▸ Ein großes Problem kann die Wasserversorgung sein. Doch bevor Sie zum Wasserträger Ihrer Pferde werden, überlegen Sie sich andere Lösungen. Die einfachste wäre die, mehrere Wasserkübel aufzustellen, um nicht jeden Tag aufs Neue Eimer zu schleppen. Vielleicht lassen sich einige Wasserkübel mit einem langen Gartenschlauch erreichen. Eine Selbsttränke wäre natürlich die eleganteste Lösung; informieren Sie sich über die baulichen Möglichkeiten. Der Bau eines Wasserwagens mit Selbsttränke erfordert zwar handwerkliches Geschick und ein Zugfahrzeug, ist aber unter Umständen in Erwägung zu ziehen.

Gummimatten in der Box und Knochensteine im Auslauf haben sich als hygienische und zeitsparende Lösung bewährt.

Gummimatten als Bodenbelag

▸ Gummimatten als Bodenbelag sind eine kostspielige Anschaffung. Wenn man jedoch bedenkt, wie viel Einstreu man in einem gewissen Zeitraum sparen kann, plus der Arbeitserleichterung (und dem Plus auf dem Zeitkonto), ist diese Alternative zu der herkömmlichen Stroheinstreu durchaus überlegenswert. Außerdem stehen die Abnehmer für einen Strohmisthaufen in letzter Zeit auch nicht mehr Schlange! Bei solchen Investitionen lohnt sich der Gang auf eine Fachmesse für Pferdehaltung. Zum einen kann man dort verschiedene Produkte vergleichen, zum anderen lässt sich manchmal ein Messerabatt herausschinden.

Die Lage des Misthaufens sollte auf alle Fälle verkehrsgünstig sein, da ein Frontlader diesen am schnellsten entsorgen kann.

Die Mistplatte

▸ Apropos Misthaufen: Mittlerweile gibt es strenge Auflagen betreffs der Lagerung von Mist. Zum Schutz von Grundwasser und Boden darf ein Misthaufen nur auf einem betonierten Untergrund angelegt werden. Hat man den Mist einige Zeit auf dieser Platte anwachsen lassen, ergibt sich das Problem, den Berg auf einen Miststreuer zu bekommen. Sehr viele Eigenversorger behelfen sich hier, indem sie mit der Schubkarre direkt den Miststreuer beladen – zum Teil mit abenteuerlichen Konstruktionen. Das Ausbringen des Mistes ohne Vorbehandlung (Kompostierung) als vermeintlichen „Dünger" auf die Weide ist nicht ratsam. Tatsächlich wirkt sich Mist in Reinform schädlich für die Pflanzen aus und verhindert durch den hohen Anteil an Stickstoff das Wachstum der erwünschten Gräser und Kräuter einer Pferdeweide. Die Mistentsorgung ist somit einer der größten Stolpersteine. Auf jeden Fall sollte der Misthaufen so »verkehrsgünstig« angelegt sein, dass der Bauer zum Beispiel mit einem Frontlader diesen in kürzester Zeit aufladen und entsorgen kann. Dafür lohnt sich auch mal ein etwas längerer Weg mit der Schubkarre.

Große Maschinen sind auch in der Pferdehaltung nicht mehr wegzudenken.

Der Einsatz von Maschinen

▸ Ganz ohne Maschinen geht es in der Pferdehaltung nicht, das ist immer wieder zur Sprache gekommen. Der Wunsch nach Unabhängigkeit (ver)führt dabei manchmal zum Kauf eines kleinen Traktors älterer Bauart. Diese »Oldtimer« sind sehr reparaturanfällig und brauchen häufig die fachkundigen Hände eines versierten Mechanikers. Über einen gewissen Zeitraum gerechnet sind die – zu zahlenden – Dienstleistungen des Bauern aus der Nachbarschaft dann doch billiger.

Portionsweiden können mit den heutigen Zaunmaterialien auch von einer Person umgesteckt werden.

Das Umstecken von Portionsweiden

▸ Das Umstecken von Portionsweiden ist dank der heutigen Kunststoffpfähle mit Dorn ohne größere Kraftanstrengung möglich. Trotzdem sollte der Außenzaun immer eine stabile Konstruktion mit Holzpfosten sein. Insbesondere bei großen Flächen benötigen Sie ein starkes Elektrozaungerät, um die Stromversorgung zu gewährleisten. Selbstverständlich muss der Stromfluss von Zeit zu Zeit kontrolliert werden. Das Abäpfeln der Weiden ist zwar ein großer Zeitfresser, jedoch unumgänglich. Auch hier erleichtern die richtigen Geräte die Arbeit.

Viele Futterlieferanten bringen Ihnen auch im Winter ein paar Säcke Möhren mit in den Stall.

Gemeinsame Futterbestellung

▸ Kraftfutter, Sägespäne oder die paar Säcke Möhren als Beifütterung im Winter bringen als Sammelbestellung mehrere Vorteile: Zum einen lässt sich manchmal ein gewisser Mengenrabatt herausschlagen, zum anderen besteht die Möglichkeit, dass größere Mengen auch angeliefert werden. Sollte Ihr Stall zu klein sein für eine Lieferung, fragen Sie doch im Nachbarstall an. Überlegen Sie in Ruhe, ob sich diese kleine Mühe nicht doch lohnt, bevor Sie wegen jedem einzelnen Sack zum Lieferanten fahren.

Erste Hilfe

▸ Es zahlt sich in mehrfacher Hinsicht aus, wenn man einen Verband bei seinem Pferd während einer längeren Behandlungsphase selbst wechseln kann. Sie ersparen sich hierdurch nicht nur das Warten auf den Tierarzt, Sie können auch Geld sparen (Verbandsmaterial gibt es auch in der Apotheke). Erste-Hilfe-Kurse werden immer wieder mal angeboten, oder Sie initiieren selbst ein entsprechendes Seminar auf Ihrem Hof mit einem Tierarzt.

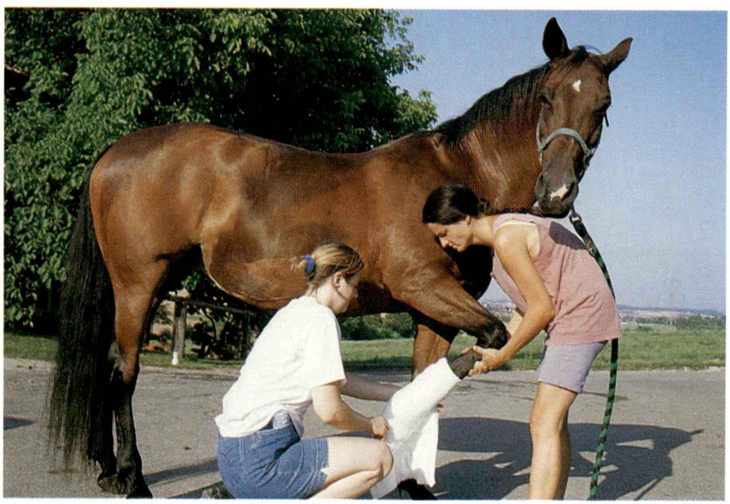

Selbst ist die »Pferde«-Frau: Verbandwechseln spart manchmal Zeit und Geld.

Verteilung der Arbeit auf viele Hände

Zum Schluss kann ich noch zwei gute Ratschläge erteilen: Alle zeitaufwändigen Arbeiten verlieren ihren Schrecken, wenn man sie auf viele Schultern verteilt. Denken Sie an die »Helfer-Grill-Party« im Sommer! Pferdehaltung und die damit verbundenen landwirtschaftlichen Tätigkeiten sind den meisten Menschen eher fremd. Machen Sie sich in einem Privatstall, in einer Haltergemeinschaft oder auch in einem kleinen Zuchtbetrieb zunächst mit allen wichtigen Tätigkeiten vertraut und gucken Sie sich die Tricks und Kniffe des täglichen »Pferde«-Lebens von einem »alten Hasen« ab. Nach einigen Lehr- und Wanderjahren ist der Schritt in die Selbstständigkeit weniger risikoreich.

▸ Nein-Sagen kann man lernen

Nachdem wir nun gehört haben, was Zeitmanagement im Allgemeinen und für Pferdebesitzer und Reiter im Besonderen bedeutet, lernen wir zum Schluss das wichtigste Wort in diesem Zusammenhang. Es ist fast schon ein alter Hut festzustellen, dass der größte Zeitdieb im Leben ist, im entscheidenden Moment nicht »Nein« sagen zu können. Das kann sehr unterschiedliche Ursachen haben. Erfolgreiches Zeitmanagement beinhaltet auch die Kunst des »Nein-Sagens«.

Kinder lernen bei einem selbstbewussten Shetland-Pony schnell ihre Grenzen kennen.

PROFI·TIPP

Die 5 schlimmsten Zeitsünden

- Sie versuchen, zu viel auf einmal zu tun.
- Sie stellen keine Ziele, Prioritäten und Tagespläne auf.
- Sie schieben unangenehme Aufgaben vor sich her.
- Sie können nicht Nein sagen.
- Sie wollen perfekt sein und alles wissen.

Wenn Sie Schwierigkeiten mit diesem Wort haben, finden Sie als Erstes heraus, warum es Ihnen so schwer fällt, »Nein« zu sagen. Da gibt es zum einen die unbewusste Angst, abgelehnt und nicht mehr gemocht zu werden. Im Grunde genommen eine Urangst des Menschen. Aber da ist zum anderen auch die Furcht vor Konflikten und ihren Konsequenzen. Niemand möchte in einer Stallgemeinschaft als egoistisch oder herzlos dastehen. Eine weitere Variante der Sehnsucht danach, geliebt zu werden, ist das so genannte »Helfer-Syndrom«. Ein bisschen davon hat fast jeder Mensch. Das Gefühl, gebraucht zu werden, anderen helfen zu können, ist im Grunde ein sehr positives Gefühl. Nur darf es sich nicht zu einem Zwang entwickeln, der alle anderen Bedürfnisse überdeckt.

Eine ganz andere Art von Mitmenschen sind die, die überall dabei sind. Sie fallen nicht unbedingt durch übertriebene Hilfsbereitschaft auf, sind aber auf jedem Reiterstammtisch, auf jeder Veranstaltung anzutreffen. Das zeugt erst einmal von einem gewissen Sich-wichtig-Nehmen, aber auch von der Angst, etwas zu verpassen. Häufig steckt dahinter eine tiefe Unsicherheit. Diese Menschen müssen lernen, dass ihnen nichts entgeht, wenn sie einmal irgendwo nicht dabei sind – im Grunde eine Frage der Bescheidenheit.

Oft sagen wir vorschnell »Ja« zu jemandem oder zu etwas, weil wir uns schlicht und einfach überrumpeln lassen. Manchmal hilft es schon, wenn wir uns bei der Beantwortung einer Bitte etwas Zeit lassen oder uns sogar einige Minuten Bedenkzeit

Wenn Sie reit- und pferdebegeisterte Kinder haben, ist ein Kinderferiencamp auf einem Reiterhof eine tolle Idee.

zu erbitten. Lassen Sie sich aber nicht durch Schuldgefühle, Schmeicheleien oder eine Mitleidstour erpressen. Lernen Sie die Strategien Ihrer Mitmenschen erkennen und entwickeln Sie Ihre eigenen. Freundlich, aber konsequent, mit etwas Humor, lässt sich die eine oder andere abschlägige Antwort für alle Beteiligten besser ertragen.

Was ich von anderen Menschen verlange, muss ich allerdings auch selbst erbringen! Eine weitere Form der Selbstdisziplin ist es, den Segnungen der modernen Welt für ein paar Stunden am Tag »ade« zu sagen. Das Handy am Ohr des Reiters sieht zwar ungemein wichtig aus, aber ist es auch wirklich nötig? Verlangt die Beschäftigung mit dem Lebewesen Pferd nicht einen gewissen Respekt? Die Konzentration auf das Wesentliche ist auch immer die Chance zur Regeneration. Reiten ist im Grunde genommen eine ganzheitliche Therapie, ein Kontrapunkt zum reizüberfluteten Alltag. Unsere Sinne werden geschärft und wir erfahren gleichzeitig eine Erholung der besonderen Art. Nutzen wir diese Zeit, den Freiraum, den wir uns durch unser kluges Zeitmanagement geschaffen haben, um uns ausschließlich diesem wunderbaren Lebewesen – unserem Pferd – zu widmen.

Die Vielseitigkeit des Hobbys Reiten entschädigt Sie für Ihre Mühen.

NÜTZLICHE ADRESSEN

Deutsche Reiterliche Vereinigung (FN)
Freiherr-von-Langen-Str. 13
D – 48231 Warendorf
Tel.: 0049-(0)2581-6362-0
Fax: 0049-(0)2581-62144
www.fn-dokr.de

Vereinigung der Freizeitreiter und -fahrer
in Deutschland (VFD)
Heike Kirst
Auf der Hohengrub 5
D – 56355 Hunzel
Tel.: 0049-(0)6772-9630980
Fax: 0049-(0)6772-9630985
www.vfdnet.de

Bundesfachverband für Reiten und Fahren in Österreich
Geiselbergstr. 26-32 / Top 512
A – 1110 Wien
Tel.: 0043-(0)1-7499261-13
Fax: 0043-(0)1-7499261-91
www.fena.at

Schweizerischer Verband für Pferdesport
Papiermühlestr. 40 h
Postfach 726
CH – 3000 Bern 22
Tel.: 0031-(0)335-4343
Fax: 0031-(0)335 4358
www.svps-fsse.ch

FS Test Zentrum Reken
Frankenstr. 37
D – 48734 Reken
Tel.: 02864-2434
Fax: 02864-5860
www.fs-reitzentrum.de

LAG Geschäftsstelle
Ferstlstr. 15
D – 85445 Oberding
Tel.: 0049-(0)811-98341
Fax: 0049-(0)811- 98342
www.lag-online.de

Musterverträge können bezogen werden über: fs-Verlag
Droste-Hülshoff-Str. 3
D – 53129 Bonn
Tel.: 0049-(0)228-53012-0
Fax: 0049-(0)228-5301260
www.freizeit-im-sattel.de

Vertrieb von Heizgeräten mit Wasserumwälzung über:
BayWa Zentrallager Münchsmünster
Tel: 0049-(0)8402-471/472
E-mail:fachbedarf@baywa.de
www.technik.baywa.de

T.T.E.A.M.® News International – der sehr empfehlenswerte Newsletter mit Linda Tellington-Jones und vielen aktuellen Informationen und Artikeln zu TTouch und TTeam erscheint 4 x im Jahr auf Deutsch und kann über www.tteam.de bestellt und abonniert werden.

Ein großes Dankeschön möchte ich an dieser Stelle allen sagen, die mir mit Rat und Tat bei diesem Buch geholfen haben, und die sich für die Fotos zur Verfügung stellten: Pferdehof Bernhard (Schönhardt); Pferdehof Gehring (Korntal-Münchingen); Leonberger Reit- und Fahrverein; Pferdehof Renschler (Ditzingen-Hirschlanden); Pferdehof Schönblick, Dr. Barbara Rommel-Kühn (Ditzingen-Hirschlanden); Vollblutaraber-Gestüt am Wasserschloss, Dr. Ulrike Weckenmann (Ammerbuch); Reitschule Wolf (Hohenstein-Bernloch); Cora und Jochen Meile, Bad Rappenau, sowie an Anja Bräu, Roland und Uschi Göhringer, Anja Heider, Jasminka Ivanovic, Marc Krimmli, Anette Leifels und Simon, Elke und Lothar Rommel, Nicole Sippl, Ulrike Störzbach und Katharina, Sonja Wimmer, Firma Suevia und viele andere und besonders meinem Bruder Heinz, von dem ich gelernt habe, wie viel Zeit und Einsatz eine pferdegerechte Haltung bedeutet.

ZUM WEITERLESEN

BENDER, INGOLF: **Praxishandbuch Pferdehaltung.** Optimal planen und praxisgerecht umsetzen: Ställe und Ausläufe, Reitplätze und Weiden, Resthöfe um- und ausbauen. Für alle Reiter, die ihre Pferde artgerecht in "Eigenregie" halten wollen, bietet dieses Werk alle wichtigen Informationen aus der 30-jährigen Erfahrung eines Fachmanns. Pferdegerechte Haltungsformen, die Planung des Stallbaus sowie die tägliche Fütterung kann man bis ins Detail nachlesen und in die eigene Praxis umsetzen. Stuttgart 1999/2004.

BENDER, INGOLF: **Praxishandbuch Pferdeweide.** Anlage, Kauf und Pacht, Weide-Management, Heu und Silage, Pflege, Düngung. Weideland ist die natürliche Lebensgrundlage für Pferde: Es bietet Nahrung, freie Bewegungsmöglichkeit und Sozialkontakte zu Artgenossen. Dieser wissenschaftlich fundierte und praktisch klar verständliche Ratgeber gibt Amateuren wie Profis alle speziellen Fachkenntnisse zur Anlage und Nutzung von Pferdeweiden an die Hand. Stuttgart 2003.

BENDER, INGOLF: **Praxishandbuch Pferdefütterung.** Situations- und leistungsgerecht füttern, individuelle Rationen zusammenstellen, Kondition nachhaltig verbessern. Die gesunde Ernährung trägt wesentlich zu Wohlbefinden, Leistungsfähigkeit und Vitalität des Pferdes bei. Für die richtige Fütterung sind jedoch umfassende Kenntnisse über den Nahrungsbedarf und die verschiedenen Futtermittel notwendig. In diesem Praxishandbuch wird detailliert über Ernährungslehre, Fütterungstechnik und die individuelle Rationsgestaltung informiert. Stuttgart 2000.

HALLER, MARTIN: **Der neue Kosmos-Pferdeführer.** Mit allen Pferde- und Ponyrassen der Welt. Endlich über alle Pferderassen der Welt Bescheid wissen – mit dem Pferdeführer gelingt es! Jede Rasse wird mit Ursprung, Körperbau und Eignung der Pferde vorgestellt. Die übersichtliche Einteilung und der praktische Farbcode garantieren schnellen Zugriff auf die gewünschten Informationen. Stuttgart 1994/1999/2003.

KASPER, ARMIN: **Hufkurs für Reiter.** Hufkunde, Hufpflege, Hufschutz. Haben Sie sich auch schon oft gewünscht, mehr vom Huf und seiner Pflege zu verstehen? Logisch, anschaulich und humorvoll gibt Armin Kasper praxiserprobte Tipps zur Selbsthilfe. So werden Sie Ihrem Schmied ein kompetenter Partner! Stuttgart 1994/1999.

SEIWERT, LOTHAR: **Das Bumerang Prinzip: Don't hurry, be happy.** In fünf Schritten zum Lebenskünstler. München: Gräfe und Unzer, 2003. www.bumerang-prinzip.de

SEIWERT, LOTHAR: **Das Bumerang Prinzip: Mehr Zeit fürs Glück.** Life Balance: Gesünder, erfolgreicher und zufriedener leben. Extra: Mit Bumerang und Zeit-Guide. 4. Aufl. München: Gräfe und Unzer, 2003.

SEIWERT, LOTHAR: **Das neue 1 x 1 des Zeitmanagement.** Zeit im Griff, Ziele in Balance. 26.Aufl. München: Gräfe und Unzer, 2004.

BILDNACHWEIS

Mit 140 Farbfotos, überwiegend fotografiert von Carola Steen. Weitere Fotos: Miriam Bleibel, Wannweil (S. 39), Felix v. Döring / Kosmos (S. 41 o.), Ramona Dünisch / Kosmos (S. 24), Klaus-Jürgen Guni / Kosmos (S. 87u.), Christof Salata / Kosmos (S. 3 oben, 5, 73, 111), Horst Streitferdt / Kosmos (S. 2, 3 unten), Firma Suevia Haiges GmbH, Kirchheim (S. 59).

Alle Angaben in diesem Buch erfolgen nach bestem Wissen und Gewissen. Sorgfalt bei der Umsetzung ist indes dennoch geboten.
Der Verlag, die Autorin und die Herausgeber übernehmen keinerlei Haftung für Personen-, Sach- oder Vermögensschäden, die aus der Anwendung der vorgestellten Geräte und Methoden entstehen können.

KOSMOS

Postfach 10 60 11
D-70049 Stuttgart
TELEFON +49 (0)711-2191-0
FAX +49 (0)711-2191-422
WEB www.kosmos.de
E-MAIL info@kosmos.de

IMPRESSUM

Umschlaggestaltung von eStudio Calamar;
Titelfotos von Ramona Dünisch / Kosmos
www.ramonaduenisch.de

Bibliografische Information der Deutschen Bibliothek
Die Deutsche Bibliothek verzeichnet diese Publikation in der Deutschen Nationalbibliografie; detaillierte bibliografische Daten sind im Internet über http://dnb.ddb.de abrufbar.

Gedruckt auf chlorfrei gebleichtem Papier

ISBN 3-440-09826-5
Redaktion: Katja Rohrer
Produktion: Kirsten Raue / Claudia Kupferer
Printed in Germany / Imprimé en Allemagne

REGISTER

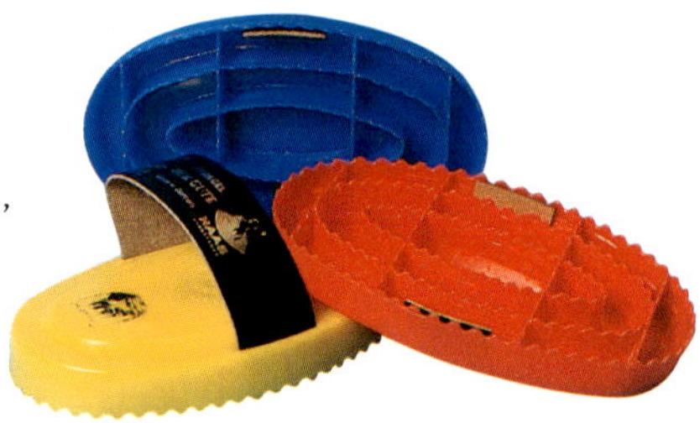